# 組織認識論の世界 I

髙橋量一著

文眞堂

# はじめに

　組織の営みには大きく分けて，行為，意思決定，認識の3つの局面がある。経営組織論ではこれまで主に，組織における行為，意思決定といった局面に焦点が当てられてきたが，情報技術やグローバル化の急激な進展によって，世界が密接に結びつき，組織を取り巻く環境が激変し続けている現代においては，組織がいかに状況を適切に認識するかが組織の生存にとって最も重要な課題である。こうした時代背景を受けて，組織認識論（複雑な組織現象を，組織の認識あるいは組織におけるセンスメーキングという観点から説明しようとする一連の試み）が，1970年代後半から主にアメリカを中心として急速に勃興してきた。

　本書は，欧米で活発な議論が展開されてきた組織認識論を，理論と実践の両面から詳細に検討すべく企画された『組織認識論の世界』シリーズ全3巻の第1巻である。本書（第1巻－Karl E. Weick の世界－）は，シリーズの中の言わば理論編であり，アメリカの社会心理学者 Karl E. Weick が提示した，組織認識を中心に据えたエポックメーキングな組織に関する統合的理論の全貌を，その歴史的意義を常に意識しながら詳細に検討することを目的としている。続く第2巻では，危機管理やホスピタリティ・マネジメントなどの分野における組織認識論の実践的展開事例を，できる限り具体的に紹介し，その実践性の高さを明らかにする予定である。最後の第3巻では，機能主義と解釈主義の相克を乗り越えるべく Krogh & Roos（1995）により試

みられたオートポイエーシス理論に基づく組織認識論を検討すると共に，今後の研究の方向性を提示する予定である。各巻はいずれも単独で十分理解できるよう配慮されている。

　本書各章の内容を簡単に紹介しておこう。第1章「組織認識論前史」では，経営組織論を彩った諸理論を概観しながら，組織認識論が誕生するに至るまでの道程を振り返る。ここでは，経営組織論で示されてきた代表的な組織像を把握するとともに，それらに内在していたいくつかの問題点にも触れる。続く第2章「Weick理論」では，Weickの組織観を明らかにしながら，Weickが提示した組織の意味形成モデル－ESRモデル－を詳細に検討する。この章の目的は，第1章で示された組織像とWeickが描き出した組織像の違いを明確にしながら，Weick理論が行為や意思決定というレベルでは記述し難かった組織の一面を描出できるものであることを押さえつつ，その限界にもはっきりと論及することにある。第3章「解釈主義とESRモデル－Weick理論の歴史的理解－」では，代表的な解釈主義的諸研究をレビューしつつ，ESRモデルがそれらの貴重な遺産の上に構築されている点を明らかにする。第3章を通して，ESRモデルが示唆している豊かな意味世界をより深く味わえるようになるだろう。第4章「組織認識－集主観性－の実相」では，集主観性の階層化，類型化を通して，組織認識の実相に迫るべく試みている。第5章「事例研究　伊藤忠の挑戦」では，第4章までに紹介した理論に基づいて事例研究を行っている。第5章は，第4章までのやや抽象的で分かりにくい理論的説明を，具体的に語り直すことで，より分かりやすく論じるよう心掛けた。時間のない方，取り急ぎ，組織認識論の概要を理解したい方には，第5章を通読されることをお勧めしたい。

　Weick（1995）は「デカルト的不安にとらわれるな（Beware of

Cartesian anxiety)」(Weick, 1995：訳, 51 頁)[1]と述べて，組織論研究が哲学的議論に傾倒する危険について警告を発している。本シリーズでも「"認識"についての哲学的な議論はできる限り避けて通りたい」と考えていることを，最初に明らかにしておきたい。哲学的命題について，深く考察することに意味がないなどと言っているのではない。しかし，哲学の世界で明々白々な命題であっても，その是非を門外漢が論じるのは容易なことではない。実学としての一面を持つ組織認識論が，哲学的命題の是非を徹底的に論じるような方向へ進むのであれば，それは組織認識論にとって不毛の荒野を進むがごとき無意味な展開となるであろう。本シリーズでは Weick（1995）の警句を素直に聞き入れたいと考えている。

最後に，わが国では未だ馴染みの少ない「組織認識論」の体系的解説書を用意するという極めて冒険的な試みを快くお引き受けくださった文眞堂の前野隆氏に心から感謝の意を表したい。

平成 22 年 3 月末日

髙橋　量一

---

1　以下，「Weick, 1979：訳,」を「We79」,「Weick, 1995：訳」を「We95」と略記する。

# 目　　　次

はじめに ………………………………………………………………… ⅰ

## 第1章　組織認識論前史 ………………………………………… 1

組織とは何か ………………………………………………………… 1
経営組織論の黎明 …………………………………………………… 4
Barnard 理論 ………………………………………………………… 6
意思決定論の登場 …………………………………………………… 10
システムとしての組織　－組織観の変遷－ ……………………… 14
コンティンジェンシー理論および情報処理モデルの限界 … 19
組織認識論の歴史的位置づけ ……………………………………… 25

## 第2章　Weick 理論 ……………………………………………… 28

Weick の組織観 ……………………………………………………… 29
不確実性と多義性 …………………………………………………… 33
ESR モデル　Ⅰ　－生態学的変化とイナクトメント－ …… 38
ESR モデル　Ⅱ　－保持と淘汰について－ ………………… 51
安定性と柔軟性，適応性と適応可能性について …………… 64
今後の研究に向けて ………………………………………………… 73

## 第3章　解釈主義と ESR モデル
　　　　　－Weick 理論の歴史的理解－ ……………………… 80

機能主義から解釈主義へ ………………………………… 80
　　　解釈主義的意味形成のモデル …………………………… 85
　　　再びESRモデルを考える ………………………………… 98
　　　機能と解釈の相克を越えて ……………………………… 103

## 第4章　組織認識－集主観性－の実相 …………………… 106

　　　行為の調整 ………………………………………………… 107
　　　集主観性の階層化 ………………………………………… 110
　　　メディアリッチネスとコミュニケーションコスト ……… 116
　　　集主観性の類型化 ………………………………………… 118
　　　IT化偏重と経営哲学の危機 ……………………………… 125

## 第5章　事例研究　伊藤忠の挑戦 ………………………… 131

　　　伊藤忠の改革 ……………………………………………… 132
　　　NHKスペシャル『直接対話が巨大商社を変える』……… 136
　　　組織認識論的考察 ………………………………………… 142
　　　　〔1〕　Eメールによる直接対話 ………………………… 142
　　　　〔2〕　休日対話集会 ……………………………………… 146
　　　　〔3〕　レスポンスレパートリー ………………………… 148
　　　　〔4〕　チームワーク ……………………………………… 152
　　　新しい日本的経営モデルへ ……………………………… 157

おわりに ………………………………………………………… 160

参考文献 ………………………………………………………… 164
索引 ……………………………………………………………… 170

# 第1章
# 組織認識論前史

　組織認識論は経営組織論の先端的一分野を形成している。本章では，組織認識論が誕生するまでに，経営組織論の歴史を彩ってきた諸理論を概観しながら，それら先行研究がもたらしてくれた貴重な研究成果を簡単に整理すると同時に，それらに内在していた問題点も指摘していくことにしよう。

## 組織とは何か

　われわれは日頃，ほとんど意識せずに多くの組織と関わっている。朝起きて，蛍光灯のスイッチを入れ，テレビを観ながら朝食をとり，電車に乗り，職場で働き，昼休みには近くのファミレスでランチを食べる。蛍光灯やテレビは家電メーカーという組織によって生産され，それらを動かしている電気は電力会社という組織が供給している。電車は鉄道会社という組織によって運行され，ランチを楽しむファミレスもまた組織である。
　では，そうしたあらゆる組織に共通して存在している，最も根源的かつ不可欠な要素は一体何なのだろうか。テレビ局にはスタジオや放送機器が不可欠だろうし，鉄道会社は駅舎や電車がなければ成り立たない。しかし，そのような建物や機材はあらゆる組織に共通して不可

欠の存在ではない。そうした建物や機材が存在しない時代にも，組織は存在していたのである。

　古来，あらゆる組織には，人びとが介在している。人がいなければ，そもそも組織など生まれようもない。では，人こそが最も根源的な要素なのであろうか。もちろん，そのように答えても間違いではない。しかし，"人"が組織を構成していると考えると不都合も生じる。例えば，「私はA商事に勤めています」と言うとき，彼あるいは彼女（仮にKと呼ぼう）は同時に，Bという草野球チームのメンバーであったり，夜にはC大学の学生であったりする。すなわち，KはそのすべてをA商事に供しているわけではない。もし，「"人"によって組織が構成されている」と考えれば，ある時空間に存在する組織を構成している人びとの数は，その空間内に存在する人びとの実数を遥かに上回る結果になるだろう。このような不都合を避けるためには，A商事あるいは，B草野球チーム，C大学などの組織は何によって構成されていると考えるべきであろうか。

　答えは"行為"である。KがA商事に供している"労働"と称される"行為"，Bという草野球チームのために成している"プレー"すなわち"行為"，C大学での"学び"という"行為"，こうしたKによる一連の行為こそがそれぞれの組織を構成していると考えれば，上で挙げたような不都合は生じない。Westley (1990) はこの点を強調して，「行為が現実化されない限り，組織など存在しないし，また存在しようもない」(Westley, 1990, p.339) と主張している。組織は，人びとの織り成す"行為"の所産なのである。

　では，人びとが行為しさえすれば，それは直ちに組織の成立を意味するのであろうか。そうではないだろう。それぞれが成した行為が

まったくバラバラで，何ら調整されていなければ，組織とは言い難い。組織とは，日曜日の行楽地や繁華街のようにただ単に人が集まって，個々人が勝手気ままに行為しているだけの状態ではない。"組織"という言葉は，そこで織り成される人びとの行為が調整されている状態を指して用いられる言葉なのである。例えば，家電メーカーという組織は，そこで働く人びとがテレビを"生産する"，"運ぶ"，"売る"といった行為を提供すると共に，それらの行為が互いに調整されているがゆえに存在していると言ってよい。

　すなわち，組織とは，調整された行為の複合的・連鎖的集合体として捉えられるべきものなのである[2]。組織認識論を世界に先駆けて発信したアメリカの社会心理学者 Karl. E. Weick（1979）が「"組織"という一つの名詞があるので，それに対応する何らかの実在－すなわち，独立した固有で不変なそして他の物と主語・述語の関係になりうる物－を想定してしまう。われわれが避けたいのは，組織をこのように独立した力とか機関として扱うことである」（We79, 45頁）と述べ，組織を，あたかも手で触れることが可能なように物象化して捉えるのは間違っているばかりか危険でもあると主張しているのは，その実体が生まれたと同時に消え去り行く運命にある行為の複合的・連鎖的集合体に他ならないためである。Weickが"組織（organization）"ではなく"組織化（organizing）"という表現を好んで用いるのは，組織が常に人びとによって供された行為によって形成され続けている点を強調したいがゆえである[3]。行為が提供されなくなれば，いかに堅牢に見えようと"組織"は忽ち雲散霧消してしまう。

---

2　行為の複合的・連鎖的集合体を活動という。従って組織の実体とは組織的活動に他ならない。
3　ここではあえて触れないが，Weickの"組織化"という言葉には，後で紹介する別の含意も込められている。この点については第2章以降で詳しく説明する。

これまで見てきたように，組織が成立し続けるためには，組織に供されるべき行為が現実化されただけでは不十分である。それらの行為が調整されていなければ組織的活動とは呼べない。では，それらはいかにして調整されるようになるのか。

## 経営組織論の黎明

組織を考える際に，もっとも根源的な上の問い（行為の調整はいかにしてもたらされるか）に対峙する姿勢の変遷こそが，経営組織論の歴史そのものであったと言っても過言ではない。

経営組織論がアメリカで呱々の声をあげた当初，そこで最初に取り上げられたのは，どのようにすれば効率的に行為を確保することができるか，確保された"個々の行為"をどのようにして調整すれば，全体としての効率性（具体的には生産性）を高めることができるのか，という問題であった。この時代，工場における生産性の向上がもっとも注目されたのは，物余りと言われる現代とは比較にならないほど，あらゆる製品の生産量は遥かに乏しく，兎にも角にも生産量を増大させれば，出来上がった製品は黙っていても飛ぶように売れていくという時代背景があった。

20世紀初頭，アメリカの機械技師 F. W. Taylor は，後に「科学的管理法」と称されるようになる一連の管理法を提唱した。そこでは，労働者が供する"作業"としての行為（一連の行為は「課業（task）」と呼ばれた）に対して，動作研究や時間研究を通して，唯一最善の作業方法を提示し，これに個々の行為を従わしめることによって，全体の効率性，生産性を確保すべく試みられた。差別的出来高給制は，行

為の提供を促すと共に，提供された行為を完全に規格化されたものへと変貌させるのに有効であると考えられた。すなわち，成行的ではない「科学的」な賃金体系により，より効率的に行為を引き出すと共に，「科学的」に求められた唯一最善の作業方法の採用によって，具体的な個々の"行為そのもの"の調整を通して，全体的な行為の調整の実現（生産性の向上）が図られたのである。

Taylor が鉄鋼メーカーで科学的管理法を実践しつつあったのと同じ時期に，シカゴの食肉加工工場の流れ作業にヒントを得た H. Ford が，自動車のベルトコンベア式大量生産システムを具体化させ始めていた。Ford 生産システムでは，同期化，専門工作機械の導入などが一層推し進められ，徹頭徹尾マニュアル化された部品としての行為と適切なマシンの組み合わせを通して，生産性の著しい向上がもたらされた。とは言え，Ford 生産システムも，組織における行為の調整という側面から考えれば，科学的管理法同様に，"行為そのもの"に焦点を合わせていたと考えてよい。

同じ頃，ヨーロッパでは，鉱山会社の経営者であった H. Fayol が「管理の一般原則論」[4] を提唱していた。Fayol によれば，工業会社の活動は，(1)技術活動，(2)商業活動，(3)財務活動，(4)保全活動，(5)会計活動，(6)管理活動に分類される。このうち，もっとも重要なのが管理活動であり，それは，予測し，計画し，組織を作り，司令を下し，整合を図り，統制を行うことであるとされた。組織を作り，統制を行うに際しては，あらゆる活動の統一と調和を図るために「万事が既定の規則と出された司令に合致して行われる」ことが必要であると考えられた。Fayol は，Taylor や Ford よりも，マネジメント全体

---

[4] 管理過程論とも呼ばれる。Fayol は 14 の一般原則を提示したが，それらを固定的で不変なものとは考えてはいなかった。

を俯瞰した幅広い理論を提示すると共に，後の経営組織論にとって重要な礎石となる諸概念を提示したが，全体的な行為の調整という側面からは，規則と司令に基づく個々の"行為"の細々とした調整，すなわち"行為そのもの"の調整に力点を置いていたと言ってよい。

　ハーバード大学のE. MayoやF. Roethlisbergerらによって，ウェスタン・エレクトリック社のホーソン工場における大実験の結果に基づき提唱された人間関係論，人間関係論を引き継ぎ展開された行動科学（例えば，ミシガン大学のLikertによるシステム4理論や，McGregorによるX理論・Y理論，Blake & Moutonによるマネジリアル・グリッド理論など，一連のモチベーションおよびリーダーシップに関する研究）においても，効率性や生産性との関係で焦点を当てられたのは，あくまでも個々の"行為"であり，個々の"行為そのもの"のより効率的産出，およびそれらをより効率的となるよう調整することに主眼が置かれた。ただし，人間関係論や行動科学で描き出された人間モデルが，経済人モデルではなく社会人モデルと言われている点，すなわち，行為が，科学的管理法やFord生産システムが最重視した経済的な要因（例えば賃金）のみならず，社会的な要因（例えば対人関係）からも産出されることが明らかにされた点は，組織認識論を考える上で見落とされるべきではない。

## Barnard理論

　人間関係論および行動科学に基づく研究が盛んに行われていた時代に，ニュージャージー・ベル電話会社の社長を長年にわたって勤めたC. I. Barnardによって，後世の経営組織論研究に甚大な影響を与える統合理論が提示された。Barnardが自らの豊富な実務経験と数多

くの文献渉猟から得た知識を融合させて提示したこの理論は，後に組織均衡論と呼ばれるようになる。その中で，Barnard が成した組織認識論へのもっとも大きな貢献の一つは，調整された行為，あるいは行為の複合的・連鎖的集合体としての活動（Barnard は"協働"と呼ぶ）が単なる"行為そのもの"に対する調整を乗り越えて実現する様子を示したことにある。以下では Barnard の主張を簡単に振り返りながら，Barnard が行為の調整をいかに考えていたのかを明らかにしていこう。

　Barnard（1938）によれば，「相互に意思を伝達できる人々がおり」（Barnard, 1938：訳, 85 頁）[5]，「それらの人々が行為を貢献しようとする意欲をもって」（Ba, 85 頁），「共通目的の達成をめざすときに」（Ba, 85 頁）組織は成立する。Barnard（1938）において，貢献意欲とは「克己，人格的行動の自由の放棄，人格的行為の非人格化を意味する」（Ba, 87 頁）ものであり，「現代社会における多数の人々はつねにマイナスの側」（Ba, 88 頁）にいて「自己保存や自己満足というような利己的動機は支配的な力をもっているから……これらの動機を満足させうるときにのみ，もしそれができなければ，こんどはこれらの動機を変更しうるときにのみ」（Ba, 145 頁）成立しうるものである。従って，「あらゆる組織において（個人的動機を満足しうるような，あるいは個人的動機の変更を促すような）適当な誘因[6]を提供するということが……（管理にとって）最も強調されなければならない任務となる」（Ba, 145-146 頁, 括弧内は引用者）。すなわち，組織が個人的

---

5　以下，「Barnard, 1938：訳」を「Ba」と略記する。
6　誘因については「他の機会」との比較もされている。すなわち，「当該組織の誘因≧貢献≧他の機会の誘因」（飯野, 1979, 58 頁）のときに貢献意欲が確保されうる。また，誘因には物質的誘因のみならず，地位ややすらぎなどの非物質的なものも含まれる（Ba, 148-155 頁）。

行為者に提供する誘因が，各人が組織に提供する貢献以上であると各個人が主観的に受け止めた場合に，はじめて貢献意欲が生ずる（組織に対して行為が提供されるようになる）というのである。もちろん，目的においても，組織の共通目的と，個人的動機の充足とは明らかに峻別されなければならず（Ba, 91-92 頁），個人的動機を越えて共通目的を個人的行為者に容認せしめ，行為の継続的提供を確保することこそが，管理における最も基本的な第 1 の機能と考えられた。

組織は上記 3 要素[7]によって成立するが，それが存続するためには組織システムの内的均衡と外的均衡が共に維持されなければならない。内的および外的均衡は 3 要素間相互の適切な結びつきに基づいた，「有効性」と「能率」により維持される。有効性とは「その目的を遂行する能力」（Ba, 95 頁）であり，永続する組織は目的を変更したり，新しい目的を繰り返し採用しながら（Ba, 95-96 頁），適切に目的を達成し続けなければならない。一方の能率とは，「産業界で普通に使われている特定の限られた意味ではなく」（Ba, 96 頁），「協働体系に必要な個人的貢献の確保に関する能率」（Ba, 96 頁）である。すなわち，「組織の能率とは，その体系の均衡を維持するに足るだけの有効な誘因を提供する能力である」（Ba, 97 頁）。組織の存続条件を，均衡を維持するに足る誘因の提供能力と捉えたことから，Barnard の理論は上で述べたように組織均衡論と呼ばれている。

組織を上のように捉えた上で，Barnard（1938）は行為の調整という組織におけるもっとも根源的な問題に対して，コミュニケーションによって構成員の貢献意欲を維持し「協働体系の運営に内在的で最も

---

[7] 伝達，貢献意欲，共通目的。

困難な問題，すなわち下層の人々に一般目的，いいかえれば重要決定を教えこんでつねに結束をたもち，究極の細部決定をその線にそわしめる」(Ba, 243頁）ことによって，組織を「上下一貫して調整」(Ba, 243頁）することが可能になると論じる。ここで，「究極の細部決定をその線にそわしめる」というBarnardの言葉から，"行為そのもの"ではなく，何らかの"決定"を調整することによって最終的な行為が調整されるとBarnardが考えていたことを理解できる。この「個々の行為者の"決定"に影響を及ぼし，"決定"を通して"行為"を調整すること」こそ，管理における最も基本的な第2の機能である。

　さらに，管理においては，内的均衡，外的均衡を達成するために，芸術的感覚をもって部分と全体をバランスさせ，調整のとれた全体的調和を実現する必要が求められた。このような芸術的感覚が管理においては極めて重要であり，この部分と全体のバランス（調和）を達成することこそ，管理の最も基本的な第3の機能であるとBarnard理論では考えられた。Barnard (1938) は，「上層部にとっては，とかく遊離しがちな『末端』貢献者の具体的情況ならびに特殊決定をつねに理解している必要」(Ba, 243頁）があると主張しているが，長らく経営トップを勤めたBarnard (1938) の視点は常に上層から下層を眺める位置にあったことは否めない。すなわち，部分と全体を統合的に理解し，全体的調和を実現するという芸術的な仕事は上層部にのみ求められ，組織における行為の調整は，下層部が，上層部でなされた決定を上意下達的に受容することによって実現されると，Barnard理論では考えられていたのである。

## 意思決定論の登場

H. A. Simon は Barnard（1938）理論を踏襲しつつも[8]，そこに"意思決定"というよりアカデミックに洗練された概念を導入し，精緻でエレガントな体系的組織像を描き出した。Simon は，コンピューターをアナロジーとした認知科学の基礎を築くなど，経営組織論以外のさまざまな学問分野でも大いに活躍し，後にノーベル賞を受賞した。

Simon（1957）によれば，「『決定する』という仕事は，『行為する』という仕事とまったく同様に管理組織全体のどこにでも存在」（Simon, 1957：訳，3頁）[9] しており，「両者は不則不離のもの」（Si, 3頁）である。「すべての行動には，行為者にとって，および彼からの影響やオーソリティーの行使を受ける人たちにとって，物理的に可能なすべての行為から特定の行為を意識的または無意識的に選択することが含

---
[8] Simon 理論が Barnard 理論を踏襲していることは以下の記述から明らかである。「これら組織の参加者は，だれでもこの組織活動に参加する個人的動機を，各々もっている。その動機を単純化し，経済理論の観点を援用するならば，企業家は利益（すなわち支出をこえる収入の超過分）を求め，従業員は賃金を求め，そして顧客は（ある価格で）欲する製品と貨幣を交換する。企業家は，従業員と雇用契約を結ぶことによって，従業員の時間を自由にする権利をうる。企業家は，顧客と販売契約を結ぶことによって，賃金を支払う資金を獲得する。もし，この2つの契約が，十分に有利なものであるならば，企業家は利益を上げ，そして，われわれの目的にとって，おそらく重要なことであるのだが，その組織は存続する。もしも，これらの契約が十分に有利なものでないならば，企業家は，他人を彼と共同活動させるための誘因をもちつづけえなくなり，組織に対しての努力を続けるための彼自身の誘因すらも，失ってしまうだろう。どちらのばあいにも，活動のある水準で均衡が達せられないかぎり，組織は消滅する。もちろん，実際の組織においては，企業家は，前述の純粋の経済的動機のほかに，名声，好意，忠誠心などの多くの誘因によっている……企業家の目的は，組織の存続に密接に関係している。しかるに従業員の目的は，このどちらにも直接には関係しないが，彼の受容の範囲の存在によって，組織の構成に組み込まれているのである」（Simon, 1957：訳：20-22頁）。
[9] 以下，「Simon, 1957：訳」を「Si」と略記する。

まれて」（Si, 5 頁）いる。意識的にせよ無意識的にせよ，決定が行為より以前になされなければならないことを考えれば，意思決定は組織現象を記述する上で極めて本質的な概念となる。

　Simon（1957）はさらに，意思決定にはそれに先立つ「『事実的』と『価値的』と呼ばれる二種類の要素」（Si, 57 頁）からなる意思決定前提（decision premise）が必要であると主張する。価値前提とは，価値観や信条，信念さらには欲求に基づく前提であり，事実前提とは価値の実現する手段的知識に関わる前提である。

　Simon（1957）では，管理とは「(1)組織にとって有利な決定をするような態度，習慣，心的状態を現業員自身につくらせること，(2)組織のなかのどこかよそで決められた決定を，現業員に課すこと」（Si, 14 頁）であり，そのためにオーソリティー，組織への忠誠心，能率の基準，助言と情報，訓練などの影響力を行使して，「組織のヒェラルヒーのより高い階層」（Si, 14 頁）で行われた決定に下位階層を従わせるべく下位階層の意思決定前提に影響を及ぼすことである。同時に，Simon（1957）によれば，組織における意思決定は目的－手段同様の階層性を有しているから，上位階層の意思決定によって下位階層の目的達成のための事実的前提に基づく手段的選択はその範囲が限定されることになり，その決定の合理性は高まることになる。

　このように考えた上で，Simon（1957）は，次のように述べて，事実前提のみを「科学的」考察の対象とすることを宣言する。

　　管理の過程についての命題は，事実的な意味において，それが真実であるか虚偽であるかを断定できないかぎり，科学的とはなりえない。逆にいえば，もし管理の過程に関する命題について真実か否

かを断定することができれば，そのばあい，その命題は科学的である。　　　　　　　　　　　　　　　　　　　　　（Si, 323-324 頁）

　ここにわれわれは，管理の科学という点についていままでに到達した結論を，総括してもよいであろう。第一に，管理科学は他の科学と同様に，純粋に事実的な叙述にのみ関係するものである。科学全体のなかには，倫理的な主張がはいる余地はない。倫理的な叙述があるばあいには，必ずそれは，事実的な部分と倫理的な部分の二つに分離されうる。そして科学と関係があるとすれば，それは事実的な部分のみなのである。　　　　　　　　　　　（Si, 328 頁）

　Simon（1957）は，「ほとんどの倫理的命題は事実的命題と混合している」（Si, 62 頁）が，これを明確に区分し，事実的な命題にのみ目を向けるときにのみ，管理科学は科学足りえると主張しているのである。言い換えるならば，価値前提に関わる目的が所与である場合において，取るべき手段の決定について考察する場合に，科学的なアプローチが可能になると言っているのである。

　Simon によれば，「組織の諸目的を遂行する実際の物理的な仕事は，管理階層の最下層にいる人々によって行われることは明らかである」（Simon, 4 頁）が，それゆえに「彼らの行動が調整された有効なパターンとなるように，彼らに対して影響を与えることのできる監督者層」（Si, 5 頁）が必要である。換言するならば，管理者による影響の行使を行為者が受け入れることによって，はじめて行為は調整される。言うまでもなく，管理者が行使する影響とは行為者の意思決定前提に対する影響である。

稲垣（2002）が指摘しているように，「Barnard は，管理活動について全体と部分の効果的なバランス形成の重要性を説いたが，Simon が管理活動の重要課題として強調している階層的な意思決定の網（plexus）の形成とそこでの階層間関係の整合性の確保の根底にあるのは，全体と部分のバランス感覚よりもはるかに秩序維持志向の強い全体優位の発想」（稲垣, 2002, 138 頁）であると言えるだろう。Simon（1957）の言う「目的志向性によって，行動のパターンに統一がもたらされる」（Si, 7 頁）というのは，上位レベルが下位レベルを規定する目的志向性なのである。

さらに Simon（1957）の「相対的な最終目的が達成されるまで，このように目標の連鎖が続くのである。決定が，この最終目標の選択につながっているかぎり，これらの決定を『価値判断』と呼び，決定がかかる目標の実行を意味する限り，それらを『事実判断』と呼ぶ」（Si, 7 頁）という記述とこれまで論じてきた内容を重ね合わせるならば，最終目標の決定は最上位階層でのみなされることになり，そこに下位階層が入る余地はないようにも考えられる。すなわち，Simon（1957）においては Barnard（1938）以上に「秩序維持志向の強い全体優位」（稲垣, 2002, 138 頁）性が感じられ，下位階層における豊かな発意が組織を変貌させる可能性が考慮されていない。

三戸（2002）も以下のように述べて Barnard（1938）理論よりも Simon（1957）理論の方がより全体優位の発想に立っていると論じている。

　　バーナードが「上位者がオーソリティをもっている」という上位権限説をひっくり返して，下位者の受容に源泉をもとめる権限受容説をたてたのに対して，サイモンはバーナード理論を利用しながら

も，またもや通説の上位権限説を唱えているのである。

　では，下位者が上位者の命令を，自分の選択に反するにもかかわらず，いやいやながらも受け容れるのは，何によるのか。彼は「雇傭主の制裁」sanctions of employer にもとめている。いやでもきかせるのは賞罰である。賞的な要因は喜んで命令を受容させるものであり，罰的要因はいやいやながら命令を聞かせるものである。賃金をカットするとか，配転，降格，降職，解雇等々である。すなわち，制裁 sanction こそオーソリティの中核的概念だと，サイモンは把えているわけである。　　　　　　　　　（三戸，2002, 311頁）

　Simon（1957）の理論は一般に意思決定論として知られているが，彼は「分析の基本単位を意思決定前提とすることで，理論構築のなかに組織メンバーによる認知ないし認識という要素」（稲垣，2002, 134頁）を持ち込んでいる。こうした Simon（1957）の発想が，後に展開される組織認識論の重要な礎石となっている点を見逃すべきではないが，そこでは同時に Barnard 以上に上位優位の発想が見受けられ，下位階層の認識がより上位レベルの認識－Simon（1957）の言葉に従うならば意思決定前提－に影響を与える様を見て取ることはできない。この問題に対する組織認識論からの答えは次章以降で提示する。

## システムとしての組織 －組織観の変遷－

　Barnard, Simon らの研究で特筆すべきは，組織をシステムとして捉えたことにある。システム（「体系」とも邦訳される）とは，個々の要素には還元できない全体としてのまとまりを指して用いられる言葉である。システムは，下位システム（サブ・システム）からなり，下位シ

ステムから,より上位のシステムに移行するとき,そこにはより上位の システムに特有な（下位のシステムには見られない）創発特性が現れ る。と同時に,より上位のシステムは下位システムの特性を内包する。 これをシステムの内包性という。例えば,動物体は心臓や肺などの器 官（下位システム）から構成されるが,それら諸器官はさらに下位シ ステムである細胞により構成される。細胞により構成された心臓には, 細胞そのものには見られなかった脈動するという特性が備わり,肺には 酸素を吸収し,二酸化炭素を排出するという特性が備わる。それらは, 細胞により構成されるがゆえに細胞の特性を内包せざるを得ない。

組織は,行為のシステムである。さらには,上で見たように意思決 定が行為に先立ちながらも,それが行為と不即不離の関係にあるなら ば,組織は意思決定のシステムであるとも言える。組織における行 為,あるいは意思決定の調整（あるいは Barnard のいう「調和」）に よりもたらされるものは,個々の行為,意思決定を越えて全体として もたらされる徹底的な分業によるより効率的な生産活動（例えば Taylor）であり,より合理的な（組織的）意思決定（例えば Simon） である。ここでは,組織をいかなるシステムとみなすかという視点か ら,さまざまな組織観を概観してみよう。

Boulding (1956, 1968)[10] は,主にシステムの複雑性が低いと考え られるものから高いと考えられるものへと並べることで,組織観（シ

---

10 Boulding (1956, 1968) によれば,組織はそのシステムの複雑性により9つの階層に分けら れる。フレーム・ワークス,クロック・ワークス,コントロール・システム,オープン・システ ム,成長システム,内部イメージ・システム,シンボル処理システム,多頭システム,複雑性を 特定できないシステム,の9階層である。後に詳しく紹介する Weick の組織観は,多頭システ ムに属する。多頭システムは,「社会組織であり,価値システム,宗教,道徳,芸術,音楽,共有 されたシンボル,共有された文化を創造し,歴史,未来をも創造する」(高橋 & 山口他,1998, 53 頁) と考えられている。詳しくは,Boulding (1956) および Boulding (1968) を参照されたい。

ステム観)を9つの発展段階に分けて記述している。ここでは,高橋 & 山口他 (1998) が Boulding (1956, 1968) の研究を踏まえつつ分類した組織観を眺めていくことにしたい。Boulding による分類は,組織観の分類としてはもっとも代表的なものではあるが,高橋 & 山口他による分類のほうが,Boulding (1956, 1968) と比べて簡潔で要点を把握しやすく,かつ Boulding (1956, 1968) 以降に登場した組織観をも包含しつつ説明しているためである。

　高橋 & 山口他 (1998) は,組織観を6つに分類整理している。合理性モデル,ヒューマン・リソース・モデル,ソシオ・テクニカル・モデル,ポリティカル・モデル,シンボリック・モデル,エコロジー・モデルである。ここではこれらのうちから,合理性モデル,ヒューマン・リソース・モデル,ソシオ・テクニカル・モデル,ポリティカル・モデルに注目し,それらから組織認識論へと続く一連の流れを俯瞰すると共に,最後に Weick 理論を含む組織認識論が属すると考えられるシンボリック・モデルに関する高橋 & 山口他 (1998) の考え方を簡単に紹介しておきたい。ここで高橋 & 山口他 (1998) の提示したモデルのうちから,これら4つを切り出したのは他の2つがやや独立的なモデルであると考えられるからである。

　合理性モデルは,経営組織論史上初期の頃に扱われた組織モデルである。そこでは,「公式の役割や公式関係が重要視」(高橋 & 山口他,1998, 58頁)[11] され,「組織を目的達成のための合理的手段」(TY, 58頁) として捉えていた。このモデルは上で挙げた F. W. Taylor や H. Fayol らに代表される組織原則を論じた流れと,M. Weber らを中心とした公式組織としての官僚制研究との流れに分けられる。「しかし,いずれにしてもこれらの研究においては,組織はあくまで静態的な存

---

11　以下,「高橋 & 山口他, 1998」を「TY」と略記する。

在である」(TY, 58 頁) とみなされていた。これらに対して，上で紹介した H. A. Simon らによって展開された意思決定論では，ある環境の中での意思決定という観点から，静態的なモデルにおける環境から隔絶された「限界を克服しようと『制約された合理性 (bounded rationality)』[12] の概念からオープン・システムとしての組織の合理性モデルが展開された」(TY, 59 頁)。このような流れの中で，「組織は合理的意思決定を行うため，いかに不確実性を回避し，削減するか，そして組織の合理性を達成するため，いかに制約要因，コンティンジェンー要因を扱えばよいか」(TY, 59 頁) といった問いが立てられた。これはその後のコンティンジェンシー理論の展開を予感させるものであった。

合理モデルが描き出した"組織"は，合理的に意思決定を下す，あたかもコンピューターのような組織像であった。そこでは，さまざまな不確実に溢れた状況下で，組織がいかに合理的に，もっと言えば，いかなる計算に従って適切な判断を下すべきかが重要な議論のテーマとなった。合理モデルは，意思決定においてばかりではなく，環境をいかに捉えるか (環境認識) という面でも，コンピューター・メタフォリカルな認知主義に立脚していた。この点については第3巻で詳しく論じることになる。

合理性モデルと並行して，ヒューマン・リソース・モデルが，人間関係論や行動科学の発展に伴って登場した。すでに論じたように，そこでは，A. H. Maslow や C. Argyris らの人間仮説が採用され，人間

---

12 遠田 (1998a) は，Simon (1945) の "bounded rationality" について，興味深い解釈を述べている。「サイモンにあっては，管理とは現業員の意思決定の自律権を陰に陽に制限することである。ちなみにそれがサイモンの本来いわんとする "制限された合理性 (bounded rationality)" の意味であって，いわゆる『個人は "制限された合理性" しかなく，組織によってそれが克服される』との俗説は面白味にも欠けているし誤ってもいるのではないか」(遠田，1998a, 7 頁)。遠田 (1998a) の主張は，上で述べた稲垣，三戸らの主張とも通底している。

を経済人としてではなく，社会人として捉えるべく試みられた。このモデルは主に近代モチベーション理論と同時に論じられる傾向があった。すなわち，このアプローチで繰り返し強調され続けたのは「経営者の職務は労働者を操作することではなく，むしろ労働者が組織目標を達成するのと同時に個人目標をも達成できる環境を作り上げることである」(TY, 60 頁) というものであった。

ソシオ・テクニカル・モデルは，ロンドンの Tavistock Institute of Human Relations の研究者らによって定式化された。このモデルは，人間関係に重点をおいて展開されたヒューマン・リソース・アプローチに加えて，人間以外の技術や装置などをも包含した組織モデルを目指したと言える。すなわち，ソシオ・テクニカル・モデルにおいては，組織を「社会システム (social system：課業を遂行する人間間の関係) と技術システム (technological system：課業を遂行するのに用いる道具や知識などの非人間的部分) から構成されるソシオ・テクニカル・システム」(TY, 61 頁) として捉えた上で，「たとえば手工業から機械工業へというように生産技術が変化した場合，その技術に適応した一定の組織変化をともなうことにより組織は効率化し，構成員の欲求も満たされる」(TY, 62 頁) といった主張がなされた。こうした考え方は，やがて理想的な組織は，組織がおかれた環境によって異なるという有名なコンティンジェンシー理論へと発展し大きく開花することになった[13]。

最後にシンボリック・モデルであるが，このモデルは組織認識論をはじめ，組織文化論などが属すると考えられるモデルである。ここでは，「他のアプローチが前提としている合理性の仮説を捨て，シア

---

[13] コンティンジェンシー理論およびそれに続いて展開された情報処理モデルにおける研究上の問題点については後述する。

ターもしくはカーニバルとしての組織を考える。組織は目標，政策という側面より，共有された価値，文化として把握され，規則，政策，管理階層よりは儀式，セレモニー，物語，英雄，そして神話によって推進される」(TY, 63 頁) と考えられた。シンボリック・アプローチは，「伝統的な合理性の概念とは明らかに異なる世界をイメージすること」(TY, 64 頁) を要求しており，「組織を合理性の観点から理解する人にとって，シンボリックな枠組みは無理にこじつけられた奇想天外に思えるかもしれない」(TY, 64 頁) などとも言われてきた。このアプローチには，「(1) ある出来事についてもっとも重要なことは，何が起こったかではなく，起こったことの意味である。(2) 出来事の本質は，起こったことによって決まるのではなく，起こったことを人間がいかに解釈するかの方法によって決まる。(3) 組織に起こる多くのもっとも重要な出来事やそのプロセスは，本質的には曖昧であり，不確実である。つまり，起こったこと，そしてなぜそれが起こったか，さらにつぎに何が起きるかを知ることは困難であり，不可能である」(TY, 64 頁) などといったことを前提としている特徴がある。シンボリック・モデルについてここではこれ以上詳しくは述べない。次章以降で，このアプローチを代表する Weick 理論について詳述するからである。ここでは，高橋 & 山口他 (1998) の説明からシンボリック・モデルについて大掴みに把握しておけば十分である。

## コンティンジェンシー理論および情報処理モデルの限界

ここでは続けて，コンティンジェンシー理論について，代表的研究者である Lawrence & Lorsch (1967) を取り上げてその限界について少しばかり考えてみよう。Lawrence & Lorsch (1967) は，組織

と技術的「環境」について，プラスチック産業と容器産業を例に挙げながら以下のように述べている。

　プラスチック産業のような，相対的に多様でダイナミックな分野では，組織の有効性を高めるために高度の分化と高度の統合が必要になる。容器産業のような，相対的に安定的で多様性の少ない環境下にある組織では，その有効性を高めるために分化の度合いは相対的に小さくする必要があるが，統合はやはり高度に達成する必要がある。　　　　　　　（Lawrence & Lorsch, 1967：訳, 127頁）

では，彼等の考える「ダイナミック」であったり「安定的で多様性の少ない環境」とはいかにしてそのように定義された「環境」なのであろうか？ Lawrence & Lorsch（1967）は以下のように述べている。

　われわれは，研究調査に先立って，こういう産業環境が，その企業組織にどういう条件を要求しているのかを知る必要があった。これを知るため，われわれは6つの対象組織それぞれの上級経営幹部に面接し，また，この人たちがその産業環境の諸特徴をどう見ているかをアンケートで調べた。
　　　　　　　（Lawrence & Lorsch, 1967：訳, 28-29頁）

アンケートというアプローチ方法からも明らかなように，Lawrence & Lorsch が「環境」と捉えているのは，組織構成員のセンスメーキングによって構築された「環境」（「どう見ているか」）であり，それは彼らがインプリシットに前提としている「客観的環境」ではない。

この点について，稲垣（2002）は，「Lawrence & Lorsch の研究における組織の環境とは組織メンバーが認識あるいは解釈した環境であり，組織メンバーの存在から独立した『客観的』なものではないのである。Lawrence & Lorsch は，このことの意味を追求することがなかった」（稲垣，2002，158-159 頁）と指摘した上で，以下のように述べている。

コンティンジェンシー理論が一般理論を否定し，特定の状況ごとの適合関係の解明を志向することで理論的抽象性を排除し，一般理論よりも現実ないし「事実」に近づいたかに見えるとき，そこでこの理論が向かい合う「事実」とは，人間による注目，解釈，あるいは意味形成によって創出された事実である可能性が浮き彫りにされてくるのである。　　　　　　　　　　　　（稲垣，2002，160-161 頁）

さらに稲垣（2002）は，コンティンジェンシー理論と管理過程論を対比しつつ，以下のように述べている。

コンティンジェンシー理論は管理過程論に対して，その管理原則に代表される一般性を否定しながらも，その成果を相対化しつつ枠組に取り込もうとし，一方，管理過程論もその枠組を拡張してコンティンジェンシー理論を取り込むことで，統合的理論として存続を図ろうとした。お互いに相手を取り込もうとする奇妙な競合関係にある2つの理論の枠組みをともに超えるレベルでの理論構築の展開が開かれなければならないとすれば，それは，管理過程論に欠けていた「意味形成の過程」と Lawrence & Lorsch が追求することをしなかった人間の注目，解釈，あるいは意味形成により創出され

る現実についての考察とを理論構築の視野に入れたものとなるはずである。　　　　　　　　　　　　　　　（稲垣, 2002, 161-162 頁）

　稲垣（2002）が指摘した「意味形成の過程」（稲垣, 2002, 162 頁）および「人間の注目，解釈，あるいは意味形成により創出される現実についての考察」（稲垣, 2002, 161 頁）とを理論構築の中心に据えたものこそ，組織認識論なのである。組織認識論が，稲垣（2002）の予期に十分応え得るものであることは，次章以降をお読みいただければお分かりいただける筈である。

　続いて岸（1990），加護野（1988）らの主張に従い，コンティンジェンシー理論，情報処理モデルから組織認識論への流れを概観しておこう。
　先に述べたように，組織の環境適応に関しては，環境によらずにどのような時代でもどのような場所でも普遍的に有効である組織の法則を確立しようとしていた伝統的組織論に対して，1960 年代初頭に，理想的な組織は，組織がおかれた環境によって異なるというコンティンジェンシー理論が現れた。上で取り上げた Lawrence & Lorsch (1967) の他に，「機械的な管理システム（mechanic system of management）」と「有機的な管理システム（organic system of management）」という主張で知られる Burns & Stalker (1961)[14]，大量生産と個別装置生産における有効な管理法の違いを示した Woodward (1965)[15] などが代表的研究者である。
　コンティンジェンシー理論は，理論としての説明原理抜きで，コン

---
14　詳しくは，Burns & Stalker (1961) を参照されたい。
15　詳しくは，Woodward (1965) を参照されたい。

テクスト要因と組織特性との適合関係を表わすことにはしる傾向があった。そこで，これらの研究に説明原理を確立するという必要に応えるべく，Barnard，Simon らにより展開された近代的組織論の成果を踏まえた情報処理モデルが登場した（岸, 1990）。情報処理モデルの基本的命題とは，組織の情報処理負荷と情報処理能力との適合関係によって組織の有効性が決定されるというものである。組織を不確実性を減少させるシステムとして捉えた Thompson（1967）[16]，Thompson（1967）の理論を精緻化し，不確実性の多寡がルーティン化の度合いを決め，ルーティン化が進むほど組織は官僚化されるとして，それを技術と結び付けて論じた Perrow（1970）[17]，「組織内の関係部門の活動を調整してゆくために必要な情報量と，実際に組織がすでに入手している情報量の差」[18]（Galbraith, 1973：訳, 180 頁）を不確実性とし，その多寡が組織階層間を流れる情報量の差となり，これに対処するため，階層下部に決定権が委譲されたりすることで，組織構造は多様化するとした Galbraith（1973）などが代表的論者であった。

　岸（1990）は，情報処理モデルにおいては，意思決定プロセスの認識段階を明確に意識したものは非常に少なく，情報について，情報処理モデルの多くは，一義的な意味をもつものとして捉えてきたと指摘し，組織認識論との関係から意思決定者の意思決定プロセスにおける認識段階の重要性を強調している。客観的な"環境"が同一であったとしても，その中からどのような手掛かりを抽出し，それらをどのように意味づけるかによって，意思決定者の主観的な環境認識は大きく

---

16　詳しくは，Thompson（1967）を参照されたい。
17　詳しくは，Perrow（1970）を参照されたい。
18　詳しくは，Galbraith（1973）を参照されたい。

異なる。情報処理モデルでは，情報量の不足による不確実性に焦点が当てられてきたため，情報の曖昧さ・多義性[19]という情報の質的側面に関しては問題とされてこなかった観があることは否めない。しかし，実際に取り扱われる情報の多くは多義的であることを考えれば，情報の質的側面がより強調されるべきであると岸（1990）は強調している（岸,1990）。Weick（1979）によれば組織とは多義性が削減され意味が共有される過程としての組織化（organizing）のことであるが[20]，岸（1990）はこうした組織認識論の視点を包含することで，情報処理モデルの精緻化に方向性をもたせ，それを再展開できる可能性を示唆している。

　加護野（1988）は，「情報処理モデルの概念装置では，組織における認識過程の複雑さを十分に捉えることができない」（加護野,1988,55頁）と述べ，「情報処理モデルが，人間や組織を」（加護野,1988,57頁），「あたかもコンピューターのように」（加護野,1988,57頁）捉えてきたが，「きわめて曖昧な状況で複雑な仕事を行っている現代の組織では」（加護野,1988,55頁），大量の不定型な情報から情報の「取捨選択」，「意味の読み取り」という面が極めて重要だと述べ，情報処理モデルの限界を克服するには「人間と組織についての新しいモデル，新しいイメージをもとにした理論が必要」で，「それは，組織認識論ともいうべき新しい組織論である」（加護野,1988,59頁）と主張している。次章以降で紹介する組織認識論は，岸（1990）や加護野（1988）の要請にも十分応え得るものである。

---

19　不確実と多義については後に詳述する。
20　組織化については上でも少しばかり触れたが，多義性との関係について詳しくは第2章を参照されたい。

## 組織認識論の歴史的位置づけ

　組織の営みには，行為，意思決定，認識の3つの局面がある。環境をいかに認識すべきか，その認識の上に立っていかに意思決定すべきか，その意思決定の上に立っていかに行為すべきか。いずれも大切であることは言うまでもない。

　例えば，太平洋戦争時の日本海軍のように，日本海海戦の大勝利によってもたらされた時代遅れの認識（大艦巨砲主義）に基づけば，建造すべきは飛行機よりも大和，武蔵のような巨大戦艦という意思決定が行われ，当時最高水準と謳われた技術を用いて素晴らしい軍艦を建造した（行為）としても，到底勝利は望めない。では，環境を適切に認識してさえいれば良いのかというとそうとばかりは言えない。いかに適切な認識を形成できたとしても，意思決定段階で誤った決定がなされたり，行為そのものが拙いものであっては元も子もない。

　本章の始めで述べたように，経営組織論は当初，組織における"行為"という局面に注目して展開された。具体的には生産，輸送など，企業活動に伴って生じる個々の行為の最適化を目指したのである。兎にも角にも，効率的に原材料を工場に持ち込んで，効率的に製品を作り，それを効率的に運ぶにはどうすればよいかといった観点から議論が展開された。この時代には，組織はクローズド・システムであるとみなされ，環境条件に関わらず唯一最善の組織が存在するとも考えられてきた。

　大量生産体制が確立され，物不足から物余りへと時代が移り変わるに連れて，「生産」に軸足を置いた"行為"の時代から，"行為"に先立ち「販売」に軸足を置いた"意思決定"の時代へと経営組織論は突

入していったのである。ただ効率的に作るだけではダメで,いかなる製品を作るべきか,いかなるタイミングでそれらを市場に持ち込むべきか,他者との競争にいかに打ち勝つか,といった観点（意思決定）が重要性を増した。意思決定論の登場にはこうした時代背景があった。もちろん,そうなると組織は最早クローズド・システムであり得ない。環境条件が異なれば優れた組織のあり方も異なるし,いつまでも同じことをしていては,激しい競争の中で組織が生き残り続けるのは難しい。第二次世界大戦中に開発されたオペレーションズ・リサーチなど科学的意思決定技術の著しい進歩とも相まって,戦後,意思決定論は経営組織論の中心的テーマであり続けてきた。コンピューターという,夢のような思考マシンが現実化したこともあって,意思決定論ではコンピューター・メタフォリカルな科学的・合理的思考が重要視された。意思決定論は,経営戦略論など経営組織論以外の分野,さらには経営学を越えた領域へも多大な影響を及ぼしつつ,エレガントに精緻化されていった。

1980年代を過ぎた頃から,情報技術の著しい進歩やグローバル化の進展などによって,企業を取り巻く経営環境が瞬時に激変するようになると,"意思決定"そのものよりも,それに先立つ環境認識（いかに環境を適切に捉えるか）が重きを増した。意思決定論は幾分なりとも「信頼できる過去のデータ」や「見通しのいく未来」といったこと（過去のデータをうまく利用し,さまざまな選択肢の中から,最も素晴らしい一手を,合理的,科学的に選ぶ（最も望ましいと思われる結果をもたらすと思われる選択肢を,合理的に選ぶ）ことが可能であるという考え）を前提としている。すなわち,意思決定論の特徴は,組織をオープン・システムとして捉えただけに止まらず,本章で見てきたように,オープンかつ合理的システムであると捉えたことにある。

しかし，"認識"というレベルにまで遡って，組織について考察するようになると，最早組織は合理的存在などではあり得ない。認識を考えるには，人びとの織り成す意味付与（センスギビング）あるいは意味形成（センスメーキング）というプロセスを避けて通ることはできない。「客観的」事実や，「客観的」結果は影を潜め，そうした事柄に人びとがいかなる意味を付与したのか，いかなる意味を形成したのかが重要になる。人びとの認識は，コンピューターのように外的環境を単純に表象したものではない。こうしたコンピューター・メタフォリカルな認知主義に関わる諸問題については第3巻で詳しく検討することになるが，本章で触れたように，意思決定論やコンティンジェンシー理論が自明のものと考えてきた「客観的な所与」という前提を乗り越えて展開されたのが次章以降で紹介する組織認識論なのである。

Scott (1987) は組織観を，クローズドとオープンの軸と，ラショナル（rational）とナチュラル（natural）の2軸4次元に分類し，人間関係論や行動科学的アプローチで採用された組織観をクローズドでナチュラルの次元に分類している。本章で少しばかり触れたように，そこで提示されていたのは社会的な人間モデルであり，経済合理的にのみ動機づけられる人間モデルではない。Scott (1987) はさらに，新たな時代に展開されるべき組織論をオープンかつナチュラルな次元に位置づけているが，組織認識論は，Scott (1987) の期待にも十分応え得ると考えられる。

# 第 2 章
# Weick 理論

　本章では，組織認識論の代表格と言えるアメリカの社会心理学者 Karl E.Weick が提示した理論を眺めていこう。

　Weick が 1967 年に著した，*The Social Psychology of Organizing* の中で展開した理論は，Weick 自身が「組織の認識論を展開する端緒にでもなれば」(We79, 304 頁) と述べているように，組織の認識という新たな観点から複雑な組織現象を語る地平を切り開いたエポックメーキングなものであった。その後，*The Sosial Psychology of Organizing* は，1979 年に質的にも量的にも大幅に手が加えられた改訂版が出版された。

　その中で Weick は，組織認識形成プロセスを"多義性"削減プロセスとして捉えた ESR モデル（または"組織化の進化論モデル"ともいう。本書では ESR モデルという呼称で統一する）を提示した。ESR モデルは世界中の多くの研究者達を刺激し，同モデルに基づいた組織理論研究が盛んに行われてきた（例えば本書でも後で取り上げる Smircich & Stubbart (1985), Daft & Lengel (1986), 遠田 (2002) など）。

　1995 年，Weick は 2 冊目の単行本 *Sensemaking in Organizations* を世に問うた。そこでは，1979 年版の内容を整合的に取り込みつつ，それ以後の組織認識あるいは組織におけるセンスメーキング研究の成

果を存分に取り入れた詳細な議論が試みられている。

　しかしながら，1995年版ではESRモデルに伴って登場したいくつかの重要な概念（例えば"イナクトメント"）は継続的に用いられているものの，ESRモデルについて直接触れた記述はほとんど見られない。

　また，ESRモデルについては1979年以降に行われたさまざまな研究成果を踏まえた上で，① センスメーキングの契機が十分に説明できない（遠田, 2002），② Weickが求めている保持からのイナクトメント，淘汰プロセスへのアンビバレントなフィードバックは現実的ではない（髙橋, 2001），③ 保持内容の変容メカニズムが明らかにされていない（遠田, 2002）などの問題が指摘されてきた。

　ここでは，Weickの組織観を，第1章で紹介したBarnard (1938)，Simon (1957) などの組織観と対比しながら分かりやすく説明するとともに，ESRモデルを1995年版で語られたセンスメーキング理論と連関させて論じ，さらにはESRモデルに突き付けられているいくつかの問題を発展的に解決するために，それらの議論を礎にESRモデルを発展的に精緻化する道筋を探ってみたい。

## Weickの組織観

　最初にWeickの組織観を概観しておこう。
　第1章で触れたように，Weick (1979) は「『組織が行為する』と言うとき，"組織"という一つの名詞があるので，それに対応する何らかの実在—すなわち，独立した固有で不変なそして他の物と主語・述語の関係になりうる物—を想定してしまう。われわれが避けたいのは，組織をこのように独立した力とか機関として扱うことである」

(We79, p.45) と述べていた。ここから，Weick の視座が，組織を「2人以上の人々の意識的に調整された活動や諸力の一体系」（Ba, 84頁）とした有名な Barnard (1938) の視座とは大きく異なっていることが分かる。第1章で述べたように，組織をどのように捉えるかは現実化された行為がいかにして調整されるのかという組織に関する根源的問題に対する視座の相違が大きく影響してくることになる。

Weick (1995) は「組織とはルーティンを相互に結びつける集主観性，解釈を互いに強化する間主観性，そしてこれら2種類の形態の間を行き来する運動，を継続的コミュニケーションという手段によって結びつける社会構造である」（We95, 225頁）と主張する。

先を急ぐ前に，上の Weick の定義に含まれるいくつかの用語について説明しておきたい。Weick は上の組織観への着想を N. Wiley (1988) から得ている。Wiley は主観性を内主観性 (intrasubjectivity)，間主観性 (intersubjectivity)，集主観性 (genericsubjectivity)，超主観性 (supersubjectivity) の4つのレベルに分けて分析を試みた。彼によれば，内主観性とは個人という分析レベルでの主観性である。続く間主観性および集主観性については次のように説明される。「間主観性はコミュニケーションし合う2人以上の自我の交換と綜合によって創発する。相互作用（ないしは"相互作用的表象"）が Durkheim の言う社会構造ないし集合意識へと綜合されるのは，この後，さらにもう一度の創発性が生み出されるときなのである」（Wiley, 1988, p.258）。「そこでは，具体的な人間，つまり主体はもはや存在しない。相互作用のレベルを越えると自我は背後に退く」（*ibid*, p.258）。すなわち，個人的な思考や感情などが2人以上の人びとのコミュニケーションによって綜合されることによって，内主観性から間主観性への移行が生じる。相互作用によって生じた間主観性が，相互作用よりも

さらに一段高いレベルである社会構造のレベルに綜合（さらに創発）されると集主観性への移行が生じる。Wiley の最後の分析レベルである超主観性については，「シンボリックなリアリティーのレベルであって，主体なき文化の体系と見なされるような資本主義とか数学がその例」（We95, 98 頁）であると説明される。

　Weick は組織におけるセンスメーキングの特徴として「人的互換性を確保するために，集主観性が常に働いていること」（We95, 225 頁）を挙げている。Weick によれば，組織と烏合の衆との分水嶺は，「組織においては互換可能な人びとの貢献によってパターンが持続される」（We79, 46 頁）よう集主観性のコントロールが働いていることにある。人的互換性については後で改めて触れるが，こうした Weick の言説から，彼が行為の調整を集主観性のコントロールに求めていることが分かる。Weick が組織認識論の開祖と考えられているのは，こうした主張から分かるように，行為や意思決定というレベルを越えて，明示的に組織認識（集主観性）を行為の調整源泉として取り上げたことによる。

　組織認識論で描出される組織像をより理解していただくために，組織認識論の世界で代表的な組織の定義を2つばかり紹介しておこう。第1章で挙げた，現実化された行為を組織の実体として捉えていた Westley (1990) は，「組織とはすべて相互連結ルーティンの連鎖，つまり同じ時間，同じ場所で，同じ活動を中心に，同じ人たちを接触させる習慣化された行為パターンなのである」（Westley, 1990, p.339）と述べて，行為の調整を相互連結ルーティンの連鎖（習慣化された行為パターン）に求めている。Weick の主張にある通り，行為パターンは組織の人的互換性を裏付けている。組織構成員が同じ時間に同じ

場所で同じ活動を繰り返すならば，かなりの共通した経験ゆえに集主観性のコントロールがさらに機能するようになるだろう。Smircich & Stubbart (1985) は，組織とは「自分自身や他者の行為について互いに強化し合う解釈をするよう働きかける確信，価値観，仮定を多く共有している人びとの集合」(Smircich & Stubbart, 1985, p.727) と定義している。Weick 理論に基づいてこの定義を読み解くならば，彼らが言う共有された確信，価値観，仮定こそが集主観性の実体ということになるだろう。

こうした組織観は第1章で紹介した，Barnard や Simon の組織観とは明らかに異なる。Barnard や Simon では上意下達的な調整 (Barnard の権限受容と Simon の上位権限には隔たりがあるにしても) によって組織的活動が担保されると考えられていた。しかし，そうした考えに立てば，下位階層の発意が組織認識を変容させる様を論じることはできない。対して，Weick (1995) は組織を「継続的コミュニケーションという手段によって結び付ける社会構造である」(We95, 225 頁) と述べた上で，「コミュニケーション活動こそ組織」(We95, 102 頁) の本質であり[21]，「間主観性の交換と解釈，および集主観性の共有された理解が発現し維持されるのは，まさに継続的なコミュニケーションがあればこそなのである」(We95, 102 頁) と主張する。Weick は，コミュニケーションを通じた間主観性のイノベーションが組織認識—Simon (1957) の言葉に従うなら意思決定前提，ただしそれは個々の前提というレベルを越えた集合的前提である—を変容させると考えている訳であり，こうした考えは明らかに Simon

---

[21] Barnard 理論，Simon 理論においてもコミュニケーションは組織的活動にとって必要不可欠なものである。しかしながら，彼らがコミュニケーションに求めている意義は，組織認識論で求められている意義とは大きく異なる。この点については，本章の最後で詳しく検討する。

(1957) と異なる。間主観性のイノベーションに参加するのは，階層上位者よりもむしろ階層下位者であろう。否，Weick 理論に基づくならば，いずれが間主観性のイノベーションを活性化させるかに関わりなく，組織認識形成のダイナミズムを記述することが可能となる。

　Barnard (1938) や Simon (1957) が，上位階層が下位階層の認識を規定する点に偏重して管理組織を捉えようとしたのに対して，Weick は，組織のどこかでなされた間主観性によるイノベーションが活性化することで集主観性が変化し，変化した集主観性により新たなるコントロールがはじまり，やがてはその集主観性も間主観性のイノベーションによって変化を余儀なくされるというダイナミックなセンスメーキングが展開される場として組織を捉えようとしているのである。

## 不確実性と多義性

　続いてより深く Weick の組織観を理解する上で欠かせない多義という言葉に関して不確実との比較を含めて論じておきたい。

　多義とは，「ただ一つの分類には収まらず，常に，2つ以上の何物かや意味の指標として分類され」(We79, 224 頁)，「決定不能で，謎めいていて，アンビバレントで，疑わしいもので，多様な意味を有している」(We79. 224 頁) ことを言う。

　もう一方の不確実について，Burns & Stalker (1961) は「一般に未来に関して，そして特殊には，可能なあらゆる一連の行動に続いて生じうる結果に関して，選択に迫られている人の無知のことをいう」(Burns & Stalker, 1961, p.112) と説明している。Stinchcombe (1990) は「不確実性は，行為者が行きつつあるに違いない方向を示

している最初の情報によって削減され，それによって世界の未来は明らかになってゆく」（Stinchcombe, 1990, p.2）と述べている。すなわち，不確実とは「現在の行為の先を推量できなかったり，その結果を予測できない」（We95, 133 頁）状態であり，不確実性を削減するためには「慎重なスキャンニングと発見が必要」（We95, 128 頁）であると考えられる。

両者の違いを分かりやすく説明するために簡単な例を挙げてみよう。山で道に迷い，右に行けばよいのか，左に行けばよいのか分からないとき，そこでいくら悩んでも仕方ないだろう。この問題を解決するためには地図がなければならない。逆に言えば，地図という情報さえあれば解決する。では，「人を殺してでも金儲けをするのか」という問題に直面した場合，何か情報があれば解決するだろうか。通常，そうした問題を解く便利な地図などはなく，その問題を解く術は十分に議論を重ねて見出していく他にない。前者が不確実性によりもたらされる問題，後者が多義性によるそれである。

不確実性と多義性の違いを明瞭にする上で，R. L. Daft や R. H. Lengel，G. P. Huber などらによるメディアリッチネス論の研究は大いに役立つ。ここでは，メディアリッチネスという概念についてごく簡単に紹介してから議論を先に進めたい。意思疎通を図ろうと言うとき，E メールでは伝えづらかったことが，電話でなら伝わったとか，電話ではどうもあやふやだったが会って話した途端に話が通じたなどということは，誰しもしばしば経験することであろう。この場合，E メールよりも電話のほうが，電話よりも直接会って話すほうがメディアリッチネスのディグリーは高い。メディアリッチネス[22] と

---

22 メディアリッチネスについて詳しくは，Daft & Lengel（1986, pp.554-571）あるいは，遠山・村田・岸（2003）の 219 頁から 226 頁を参照されたい。

は「コミュニケーションの当事者間でひとつの共通の理解に収束するために，互いの理解を変更し，異なった概念の準拠枠を克服し，あいまいな事柄を明確にする，メディアの能力・属性である。具体的には，①迅速なフィードバックの入手可能性，②多様な手掛かりを運ぶ能力，③言語の多様性，④個人的焦点という4つの包括概念として把握される」（遠山・村田・岸，2003，221頁）と定義される。語弊を恐れずに分かりやすく言ってしまえば，メディアリッチネスとは使用するメディアによって用いることができるコミュニケーションの質的豊かさの差を表す概念である。

　Huber & Daft（1987）によれば，「多義的な事態に直面すると，管理者たちは互いに認知を共有するために言語を使用し，議論や分類，試行錯誤，探り合いなどを通して次第に意味を定めたり創り出したりする」（Huber & Daft, 1987, p.151）ことでそれに対処していたそうである。こうした研究に基づいて，メディアリッチネス論では，多義性に対処するために，組織では「単に大量のデータを供給するのではなく，ディベートや明確化，イナクトメント[23]を可能にしてくれる仕組みが必要である」（Daft & Lengel, 1986, p.559）と強調される。

　Weickは，多義性による問題を混乱，不確実性によるそれを無知と呼び，「無知を除去するにはより多くの情報が必要」（We95, 134頁）であるが，「混乱を除去するには，それとは別種の情報，つまり，多様な手掛りが得られる対面的相互作用において構築される情報が必要である」（We95, 134頁）と述べている。Weickによれば，多義性を削減するためにはメディアリッチネスのディグリーが高い「会議や

---

[23] イナクトメントについては後に詳述する。ここでは「情報の囲い込み」と考えておけばよい。

直接対話といったリッチで人間的なメディア」（We95, 134 頁）が，不確実性を削減するためにはメディアリッチネスのディグリーが低い「公式情報システムやスペシャル・レポートといった没人間的なメディア」（We95, 134 頁）がより優れている。しかし，現実にはまったく逆のメディアが用いられたがために，問題をこじらせてしまったり，新たな問題を引き起こすといった事態が見受けられる（We95, 135 頁）と Weick は指摘している。こうした Weick の主張が先に述べたメディアリッチネス論の先行研究で主張されてきた内容と通底していることはいうまでもない。

　ところで，今後の研究に資するために一つ付け加えておけば下の"あいまい"に関する記述から明らかなように Weick が"あいまい"というとき，文字通り pun のような状態だけではなく明確性が欠如した（a lack of clarity）状態をも含んでいる点には留意すべきである[24]。

　　あいまい性という言葉は 2 つ以上の解釈の存在を意味するが，それとはまったく異なるもの，つまり明確性の欠如をも意味しうるので，このすぐ後に見るように，その点があいまい性を不確実性と似通ったものにさせているのである。あいまい性という言葉のあいまい性は，それがまったく別の対処法を暗示するので，やっかいの種だ。つまり，あいまい性が，多様な意味ゆえの混乱として理解される場合には社会的な構築と発明が必要となり，情報の不足ゆえの無

---

[24] 1979 年版では，あいまい性は多義性と同一であるとされていた。1995 年版ではあいまい性に明確性の欠如までも含むとされている。この点に関しては，明確性が欠如しているような状態はあいまい性にも不確実性にも属するグレーゾーンであると理解したい。"あいまい性"という言葉もあいまいなものなのだ。この点については今後さらに研究を進めて明らかにすべきであると考えている。

知として理解される場合には，慎重なスキャンニングと発見が必要になる。　　　　　　　　　　　　　　　　　　　　（We95, 128頁）

　多義性の削減は相互連結行動（interlocked behavior）が単位となって組み立てられたプロセスで行われると Weick は主張している。Weick（1979）は，Raven & Eachus（1963）による水準器実験[25]を例示しつつ，「組織化の分析単位はこの依存的反応パターンで，それは，行為者 A の行為が行為者 B の特定の反応を引き起こし（ここまでは相互作用），B のそれが次に A の反応を喚起（ここで連鎖は完結し，それを相互二重作用という）」（We79, 87頁）し，こうした相互二重作用がサイクルとなったものを相互連結行動と呼ぶと説明した上で，組織構造と「相互連結行動の概念とはイコールに考え」（We79, 116頁）るべきであり，「ある組織がどのように行動しどのように見えるかということを規定する構造は，相互連結行動の規則的パターンによって確立される構造と同じである」（We79, 116頁）と述べる。すなわち，Weick（1979）によれば，組織とは持続的な相互連結行動のパターンによって構成された，常時的に多義性を削減する組織化の過程である。こうした考え方は，「組織とはすべて相互連結ルーティンの連鎖，つまり同じ時間，同じ場所で，同じ活動を中心に，同じ人たちを接触させる習慣化された行為パターンなのである」（Westley, 1990, p.339）という上で挙げた Westley の見方とも一致している。

---

25　3人が三角のテーブルに座り，自分の目の前の水準器が水平になるようにそれぞれのコーナーの高さを変えるというもの。詳しくは, Raven, B. H., & Eachus, H. T（1963）を参照されたい。

## ESRモデル Ⅰ －生態学的変化とイナクトメント－

　これまで眺めてきたように，Weick は，組織という抽象的概念を，あたかも手で触れることが可能なように物象化して捉えることを危険であるとし，組織は常に経験の流れの中にあって，その中で出会うさまざまに多義的な出来事に対して人びとがコミュニケーションを通じて，一定の答や意味を引き出しそれを共有するプロセスとして捉えるべきものであると主張していた。すなわち，われわれが通常あまり意識せずに組織と呼んでいるものは，Weick によれば多義性が削減され意味が共有される過程としての組織化（organizing）のことであると言ってよい。

　Weick（1979）は，上で述べた常時的に多義性を削減し続ける組織化のプロセスを ESR モデルとして提示している。これまで ESR モデルは，1995 年版で Weick が主張しているセンスメーキング[26]論と連関させて論じられてこなかった観がある。以後，両者を有機的に連結すべく試みながら ESR モデルの理解を試みたい。

　上で述べたように多義性を削減するのが組織化の過程であるとすると，逆に「多義的な情報は組織化の引き金となる」（We79, 18 頁）とも言える。Weick（1995）は幼児虐待症候群（The Battered Child Syndorome，以下 BCS と略記する）の例をあげて 1995 年版で，多義性削減の過程をセンスメーキングプロセスとして説明している。

---

[26] センスメーキングについてはさまざまな研究者により定義がなされてきた。例えば Waterman（1990）はそれを「未知の構造化（structure the unknown）」（p.41）と呼び，Huber & Daft（1987）は「知覚可能で（sensable），有意味な（sensable）事象の構築」（p.154）であると述べた。Weick（1995）によれば，「センスメーキングとは，何ものかをフレームの中に置くこと，納得，驚きの物語化，意味の構築，共通理解のために相互作用すること，あるいはパターン化といったようなこと」（Weick, 1995, p.4 : 訳, p.8）である。

BCS は，1946 年に放射線医 John Caffey の論文で報告されたが，それが不慮の事故だったと偽る両親から受けた暴行によるもの[27] と認知され，そのような両親が刑罰の対象とされるまでにかなり長い年月を要した。幼児に現れた突然の理由不明な外傷は多義的である。多義的な外傷がどのようなプロセスを辿って BCS と意味づけられていったのか。Weick（1995）は次のように述べている。

　まず第一に，進行中の事象の流れの中に誰かが何かに気づく。その何かとは，驚きという形であれ，辻褄の合わない手掛りの集合であれ，どこかシックリとこない何ものかである。第二に，その辻褄の合わない手掛りは，誰かがすでに過ぎ去った経験を振り返って見るときに光が当てられる。見るという行為は回顧的なものなのだ。第三に，もっともらしい推測（たとえば，両親が外傷を放って置いたからだ）が，その妙な手掛りを説明するために仕立てられる。第四に，推測を下した人はしかるべきジャーナルに論文という形でその推測を公表し，それが他者にとって医療という世界の環境の一部となる。彼ないし彼女が，（初めから"外在的に"存在していたのではなく）今気づくべくそこに存在する対象を創造するのである。第五に，その推測は広範囲な注目をすぐには引かない。というのは Westrum が言うように，その観察は小児科医でなく幼児の両親と日ごろ社会的接触を持たない放射線医師によって最初にもたらされたからである。そのような接触いかんが，問題の構築や知覚にとって重要である。そして第六に，この例は，アイデンティティと世評の受け止め方が色濃く出ているので，センスメーキング的なのであ

---
27　詳しくは，Westrum, R.（1982）を参照されたい。

る。Westrum が指摘するように，隠れた事象に関する周縁的な社会的知識は，広がるにしてもきわめて遅い。そうした事象を報告することに関する障碍があるからだ。専門家は，もしそのような現象が実際に生じたとしたら自分たちこそそれを知りえたハズで，その確率も高いと思い込んでいる。Westrum はこれを"中心性の誤謬"と呼んでいる。　　　　　　　　　　　　　　　（We95, 2-3 頁）

以下，上の BCS の事例を ESR モデルで捉え直してみよう。

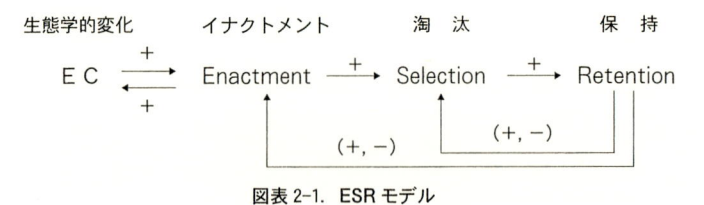

```
生態学的変化    イナクトメント      淘 汰         保 持
        +
  E C  ⇄  Enactment  ─+→  Selection  ─+→  Retention
        +
              └──(+, −)──┘  └──(+, −)──┘
```

**図表 2-1. ESR モデル**

出所：Weick (1979) の訳書 (1997)，172 頁の図 5.1 に基づいて作成。

上図のように ESR モデルは生態学的変化，イナクトメント，淘汰，保持から成る。それぞれのプロセスの頭文字をとって ESR モデルと呼ばれてきた。

ESR モデルでは，組織化のプロセスが自然淘汰のプロセスに準えて記述されている。自然淘汰にはないイナクトメントという言葉に関して，最初に述べた方がいいだろう。「組織化にとってのイナクトメントは，自然淘汰における変異にあたる。では変異と言わずになぜあえてイナクトメントと言うかと言えば，組織メンバーが（自らをやがて拘束する）環境を創造する上で果たしている（とわれわれが思っている）積極的な役割をイナクトメントという言葉がとらえているからである」(We79, 169 頁)。後に保持に関する部分で述べるように，イ

ナクトされた環境と言うとき，それはむしろ組織化のインプットであるというよりもアウトプットであることが強調されている。

「生態学的変化はイナクトしうる環境（enactable environment）すなわち意味形成（sensemaking）の素材を提供する」（We79, 169頁）。先の BCS の例で言うなら，原因不明の幼児の外傷である。ただし，組織化においては常に組織の外にある生態学的変化のみが素材ではない。「生態学的変化は通常そうした素材の真正の源といってよいが，それ以前のイナクトされた環境（enacted environment）という形での過去の経験がそれだけで意味形成の相当の材料を提供していることがよくある。組織化過程のこの部分をあえて生態学的変化と称するのは，人は通常スムースに運んでいる事柄には気づかないものであるという事実を強調するためである。注意が呼び起こされるのは変化が生じた時なのである」（We79, 169頁）。ここで"気づき"という重要なセンスメーキング研究の素材が提示されているが，この点については本章後半および第 3 章で詳細に検討する。

組織は外部からの情報が遮断されても存続しうる（あるいは特定の場合には外部からの情報が遮断された方が良いと思われるようなこともある）。組織は必ずしも環境に対してオープンではない。イナクトされた環境が意味形成の素材を提供し続ける限りにおいては，組織は環境に対してかなり長期間にわたってクローズでもありうる。「組織化のフォルムは伝統的なシステム像を含んではいるが，メインはオープン・システムのフォルムではない。この微妙な点を注意しないと，組織化モデルは容易に誤解されてしまう。このフォルムは，生態学的変化の役割および外生因子が生態学的変化に影響を及ぼすという事実ゆえに，オープン・システムモデルに近い。しかし，生態学的変化が組織に直接作用するのはただ 1 ヶ所であって，それは組織のイナクト

メントにである。もし組織が淘汰および保持の両過程で保持を信頼するなら，組織は事実上生態学的変化から自らを長期にわたって隔離しうるのである。われわれの記述する組織は相当の自閉症なのだ。組織とは長期自足できるものであるが，オープン・システムモデルは組織がどのようにして自己充足を予想以上に持続しうるかを解明すべく理論的努力を払ってこなかった。組織化モデルは，組織がクローズド・システムでありえかつそのように行為している，といっている」（We79, 310 頁）。

「イナクトメントは生態学的変化と密接な関係がある。経験の流れの中に違いが生じると，行為者はより深い注意を払うべく変化を隔離するような行為をする。囲い込み（bracketing）のこの行為はイナクトメントの一形態である」（We79, 169 頁）。囲い込みによるイナクトメントは，BCS の例では，進行中の流れの中で誰かが何かに気づく部分に対応していると考えてよいだろう。

さらに，「行為者が生態学的変化を生むような何事かを行い，それが彼の次に行うことへの制約を変え，そしてそれがさらなる生態学的変化を生み……といったとき，イナクトメントの他の形態が生ずる。私が机の上の文具をいくつか動かす，とそのため私は書く場所を変えねばならなくなり，机の上の文具をまた変え，私の書く場所もまた変わり，という具合だ」（We79, 169 頁）。BCS では，第 4 番目のプロセス，推測を下した人がしかるべきジャーナルに論文という形でその推測を公表し，それが他者にとっての（勿論発表者本人にとっても）医療という世界の環境の一部となっている部分がこれに当たる。

人あるいは組織がイナクトメントの過程で働きかける外的環境は，それらとは全く中立的に存在するとは考えづらい。人や組織も環境の一部であり，彼らが行為し，またそのように行為する中で，自分達の

直面する制約や機会となる素材を生み出している。この点は，以下の事例からさらによく分かる。

　二人の警察官がパトロール・カーに乗って巡回中，ある 10 代の若者が通りすがるパトカーに向かって中指を突き立てた。警察官はその少年を無視することも，車を止めることも，あるいはもっともありうるのだが，そのしぐさを返すこともできる。(We95, 41 頁)

　1987 年にペルシャ湾で，合衆国はクウェートの船にアメリカ国旗を立て，その船を「ガソリンの王子」と呼び，船の周囲を合衆国の戦艦で取り囲んだ。　　　　　　　　　　　　(We95, 42 頁)

警官が若者にどのような反応をしようと，自らが直面する環境をそれなりに創り出している。アメリカ政府は，自らが対処しなければならない挑戦を創り出した。忙しい教員は，少しでも楽になろうと考えて電子メールを学生の質問受付に利用する。いちいち会って答えていては時間がいくらあっても足りないからだ。ところが，電子メールの利用が教員をさらに忙しくさせる。自宅に帰ってメールボックスを開けてうんざりしながらも，学生からの質問に答え続ける。そうするとさらに時間に余裕のある多くの学生たちから，毎日山のようにメールが届き，それらに丹念に答えているうちに，さらに「いい先生だ」との評判が上がって，頻繁にメールを送ってくる学生が現れる。中には人生相談まで含まれるようになり，研究時間は果てしなく失われていく。

　これらのケースにおいて，先の当事者たちから独立し，かつその外部に存在するような，特異で単一の，固定された何らかの環境が

存在するわけではない。そうではなく，それぞれのケースにおいて，人びとはまさに彼ら自身，環境の一部なのである。彼らは行為し，そして行為する中で，自分たちの直面する制約や機会となる素材を創り出している。受動的人間の面前にそのような環境を置く，そんなことを人間以外になしえる"もの"があるだろうか。その"もの"は，能動的な人間でしかありえない。組織にいる人たちはあまりにこの事実を忘れてしまっている。"その環境（the environment）"という言葉が中立的な響きを持つので，彼らはこの響きの犠牲になっている。　　　　　　　　　　　　　　　　　（We95, 42頁）

1979年版では，イナクトメントの現実的行為に基づく環境創造性に焦点が当てられていたが，1995年版でWeickが述べている以下の知見を応用するならば，それを未だ行われていない行為にまで拡大して考える道が開けるだろう。

　これらの結果は，どれも創造にはいたらないが，意味を生み出しうる。行為は表出されるだけでなく，抑制されたり，放棄されたり，チェックされたり，方向替えされたりもするのだから，行為は世界の中に目に見える結果を生み出さずとも，意味に影響を及ぼす。想像の中で構築され，自分だけにしかわからないような省略された行為でも有意味にされうる。したがって，行為を，刺激への単なる反応や，観察可能な行動，あるいは目標達成行動と同一視しないように注意すべきだというのが第一の注意点である。もし同一視すると，行為が意味を創り出す微妙な様を見逃してしまうからだ。絶対実行されない行為，実行されるのが遅すぎた行為，手を引くのが早すぎた行為，あるいは時機が良くなかった行為などが，無意味

なことはめったになく，むしろ，その意味がわかり過ぎるくらいのことが多いようだ。　　　　　　　　　　　　　(We95, 50-51頁)

　行為が世界の中に目に見える結果を生み出さないとしても，それは意味に影響を及ぼす。実際にも，Weickの指摘するように，絶対に実行されない行為などは無意味どころか，意味が分かりすぎている場合が多いだろう。例えば，H. Garfinkel（1963）のデパート実験[28]である。何人かの学生にデパートに買い物に行かせ，そこで値切るように指示する。デパートは正札から鐚一文値引かないと思っていた学生達は，実際に値切って見るとかなり値引きしてもらえることに驚く。野茂の大リーグ挑戦などもそうだ。大リーグはレベルが高く，日本人では到底及ばないという"常識"[29]はそれまでは有意味だった。今後の議論においては，イナクトメントが，単なる想像であるにしろ，これらのような言ってみれば未来完了形の行為も含んでいることには留意すべきである。
　ところで，上でWeickは"変化"について，「経験の流れの中に違いが生じると，行為者はより深い注意を払うべく変化を隔離するような行為をする」と述べるに止めているが，遠田（2002）は，「何がきっかけとなって変化やパズルの意味の探索が始められるのかについての記述が不完全である」（遠田, 2002）と批判し，次のように述べている。

　しかし，変化が必ずしも変化として知覚され組織に問題として提起されるとは限らない。変化が"変化"の看板を立てて登場するわ

---

28　詳しくは，Garfinkel, H.（1963）を参照されたい。
29　ここで常識とは，「虚実に関する同意いわゆる合意された妥当性（consensual validation）」（We79, 5頁）のことで，「共通の感覚器官とかなりの共通の対人経験ゆえに客観的だと人びとが同意する事柄」（R. L. Munroe, 1955, p.356）のことを言う。

けではない。この点は,たとえ"ケイタイ"や"マスコミ報道"によって増幅された生態学的変化にあっても同じである。何が変化の気づきあるいは組織化の契機となるのか？　　　　（遠田,2002）

以下,遠田（2002）の批判に建設的に答えながら今後の研究の方向性を探るべく,1979年版でWeickが触れていなかった組織化の契機,すなわちセンスメーキングの契機について考察してみたい。

Schroeder, Van de Ven, Scudder & Polley（1989）は人が不満足に達する閾値という概念でセンスメーキングの契機について論考している。Schroeder等（1989）は,「新会社を立ち上げるために今の堅実な職から離れざるをえないときや,虫害を解決するために小麦の交配種を開発するとき,ライバル商品がより進んだ研究段階に達したことを知らされたとき,海軍のシステム産業に主要な新製品を売り込み損なったとき,リスクの高いジョイント・ベンチャーを提案するとき,州の財政危機に対する行政の方針転換に直面するとき」(Schroeder等,pp.124-125)などに人がどのようにセンスメーキングするかについて研究し「注意を払うように促し新奇な行為を開始させる行為閾（action thresholds）の刺激となった何らかのショックの存在」(Schroeder等,p.123)がセンスメーキングの契機になると主張している。

彼らが提示する不満足の閾値という概念は面白い。具体的にもさまざまな事例が彼らの主張を裏付けているように思われる。ここで一つ科学史上のエポックメーキングな事例を取り上げて考えてみよう[30]。ニュートン力学で計算すると明らかにおかしな動きをしている惑星が

---

30　より詳しくは,村上陽一郎（1974）を参照されたい。佐々木力（1985）も,科学における基本原理が,それ自体として成立する理念であることをうまく説明している。

あったとする。その場合，われわれはニュートン力学を間違っているとして否定するだろうか。そうではなく，むしろその惑星の軌道を狂わせている新星が存在するに違いないと考え，ニュートン力学によって計算された暗黒の中に新星を発見しようと全力を傾けるだろう。世界中の天文家達による探索の結果，予め想定された空間にそれらしい新星が発見され，その重量がニュートン力学によってはじき出される。こうして，ニュートン力学は疑われるどころか，ますます強固に信頼されていくことになる。しかし，やがてニュートン力学では説明できないような現象（例えば，超低温域における液体金属の運動など）が報告され始める。それらには単独でイノベーションに結びつくほどの力はないかもしれない。しかし，そうした矛盾の累積がある閾（threshold）に達すると，人びとはショックを受け，不満足を解消するために行為し始める。その後，古典力学の限界を越えるべく量子力学などの新しい力学体系が模索され始めたことが，この場合における不満足を解消すべく導出された行為と見なされるだろう。

　Mandler（1984）は認知的変化のきっかけについて以下のように述べている。

　　第一に，"予期"せざる事象—それは環境についてのこれまで継続してきた解釈に合致しない事象—であり，第二に，"予期した"事象が生じないことである……どちらの場合も，それまで継続していた認知的活動が中断される。　　　　　（Mandler, 1984, p.188）

　Louis & Sutton（1991）は，センスメーキングのきっかけについて意識的情報処理の立ち上げと絡めて以下のように説明する。

これらの観察を分析すると，行為者が意識的に取り組むようになる3種類の状況が　明らかになる。第一に，人が状況を非日常的ないしは新奇なものとして経験するとき——つまり，"通常から抜きん出て"いたり"ユニークで"あること，あるいは"見慣れない"ないしは"これまで知られていない"ことを体験するとき——に意識的モードへの切換えがなされる。第二に食い違い——すなわち，"行為がなにもかもうまくいかないとき"，"予期せざる失敗"や"分裂(disruption)"，"やっかいな状況"が発生するとき，予測と現実との間に重大な差異が存在するときに，切換えがなされる。第三の条件は，意識的注意のレベルを高めよという内的ないし外的要請に応じたいわば人為が主導（deliberate initiative）するときである。つまり，人が"考えるよう求められたり"，"公然と質問されたり"するときに切換えが行われるのである。

(Louis & Sutton, 1991, p.60)

　Drucker（1985）は，「イノベーションとは，意識的かつ組織的に変化を探すことである。それらの変化が提供する経済的，社会的イノベーションの機会を体系的に分析することである」（Drucker, 1985：訳, 51頁）と述べた後，イノベーションのためには7つの機会がある（前掲訳書, 52頁）と主張し，その第一に「予期せぬ成功と失敗の利用」（前掲訳書, 54頁）を挙げている。Drucker（1985）によれば，予期せぬ失敗にくらべて「予期せぬ成功はほとんど無視される。困ったことには，その存在を認めることさえ拒否される傾向がある」（前掲訳書, 54頁）。

　マネジメントにとって，予期せぬ成功を認めるのは容易ではな

い。勇気がいる。具体的な方針も必要である。さらには，現実を直視する姿勢と，「間違っていた」と率直に認めるだけの謙虚さもなければならない。人間は誰しも，長く続いてきたものこそ正常であり，永久に続くべきものであると考える。マネジメントにとっても予期せぬ成功を認めることは難しい。自然の法則のように受け入れてきたことに反するものは，すべて不健全，不健康，異常なものとして拒否してしまう。　　　　　　（Drucker, 1985：訳, 56頁）

太平洋戦争において，日本海軍は開戦劈頭航空兵力をもって米海軍最大の拠点，ハワイ真珠湾を奇襲し，赫々たる戦果を挙げたが，この予期せぬ成功は，日本海軍部内では完全に無視された観がある。彼らは予期せぬ成功を新たな状況認識へと結び付けなかったのである。一方，緒戦で主力艦隊に壊滅的打撃を被った米海軍は，この予期せぬ失敗が契機となって，以後，航空主導の戦力整備に総力を挙げていくことになる。Drucker（1985）は「予期せぬ成功とは異なり，予期せぬ失敗は，取り上げることを拒否されたり，気づかれずにいるということはない」（Drucker, 1985：訳, 69頁）が，「予期せぬ成功ほどイノベーションの機会となるものはない」（前掲訳書, 54頁）ゆえに意識的に予期せぬ成功に注意すべきであると強調している。日本海軍は予期せぬ成功を活かせなかったのである。

　センスメーキングの契機に関係した先行研究は枚挙の暇もないほど多数存在する。他にも先に挙げたメディアリッチネス論で知られるHuber & Daft（1987）は，センスメーキングの契機として複雑性の増大などを挙げている。ここで触れたのはそれらのほんの一部ではあるが，それでもこれらの研究成果から今後の研究への重要な示唆を得ることができるだろう。

Mandler (1984) や Louis & Sutton (1991), Drucker (1985) などの主張と，先に述べた Schroeder & Van de Ven & Scudder & Polley (1989) の，センスメーキングが開始されるには「注意を払うように促し新奇な行為を開始させる行為閾 (action thresholds) の刺激となった何らかのショックが存在」(Schroeder, Van de Ven, Scudder & Polley, 1989, p.123) する必要があるという言葉を重ね合わせて考えて欲しい。

センスメーキングが開始されるには，予期せざる事象の発生や予期した事象が生じないことによる認知的中断 (Mandler, 1984)，「人が状況を非日常的ないしは新奇なものとして経験するとき」などに起こる意識的モードへの切換え (Louis & Sutton, 1991)，予期せぬ成功を認めること (Drucker, 1985) などによってもたらされた「行為閾 (action thresholds) の刺激となった何らかのショック」(Schroeder, Van de Ven, Scudder, and Polley, 1989) が「長期にわたる活動の所産」(We95, 115頁) として伴う必要があるということである。

Weick 自身は 1995 年版で，センスメーキングのきっかけを行為の中断とそれによってもたらされたショックである (We95, 113-142頁) と主張し，詳細に検討しているが，Weick (1995) の論旨もこれまでに鳥瞰してきた先行研究と整合的であるといってよい。

こうした契機に関するさまざまな議論を取り込むことで，ESR モデルをより発展的に精緻化するパースペクティブが広がるのではないだろうか。例えば，生態学的変化からイナクトメントへの流れの間に，何らかの契機に関わる変数を差し挟むのである。その変数に上のアイディアを反映させるならば，さまざまなセンスメーキング論で触れられてきた"閾値"という概念と"ショック"という概念を組み込む必要があるだろう。

# ESR モデル Ⅱ －保持と淘汰について－

続けて，保持および淘汰について眺めていこう。

「保持は，合点のいく意味形成すなわちわれわれがイナクトされた環境と呼ぶ産物の比較的ストレートな貯蔵である。イナクトされた環境は，それまで多義的だったディスプレーをメリハリのある因果の形に要約したものである。それは，かくかくの多義性が一体何であるのかについてそれなりの説明である」(We79, 171 頁)。BCS の事例では，親が子供を虐待する訳がないという，それまで当たり前のことと信じられていた保持内容が BCS の社会的認知の妨げとなった。あるいは，子供の外傷のことならば専門家である小児科医の方が放射線医よりもずっとよく知っている筈であり，その専門家が知らないのだからそれは生じてはいない（生じてはならない）という Westrum (1982) が "中心性の誤謬 (the fallacy of cetrality)" と呼んだものが保持されている内容（小児科医の方がずっと詳しい筈だ）と保持内容がイナクトメントおよびこの後で述べる淘汰プロセスに及ぼす影響（生じてはならない）になろう。

Westrum (1982) は "中心性の誤謬" について次のように述べている。

　この誤謬は，それに取り憑かれている人の探求心を妨げるばかりでなく，そうした人の心の中に問題への敵対的スタンスを創り出してしまうので，マイナス効果が一層大きくなる。小児科医が両親に起因する精神的外傷（トラウマ）と診断することに抵抗したのは，両親というものの危険性に関する彼らの評価がきわめて間違ってい

る可能性があることを彼らが信じられなかったことにもよろう。
(Westrum, 1982, p.393)

　この話から，保持内容がイナクトメントさらには淘汰プロセスに影響を及ぼしている様子を具体的に見ることができる。保持からイナクトメント，あるいは淘汰プロセスへのフィードバックループ（影響過程）が保持を支持するループであるか，それとも保持を否定するループであるかによって，組織はまったく違った状況を描き出すことになる。
　上で挙げたDrucker（1985）は予期せぬ成功をイノベーションの機会にできない理由として「人間は誰しも，長く続いてきたものこそ正常であり，永久に続くべきものであると考える」（Drucker, 1985：訳, 56頁）と述べているが，この言葉からも保持内容がイナクトメントに及ぼす影響を感得することができる。Drucker（1985）が警句を発する前提としている状況も，Westrum（1982）の挙げた事例も共に現在の保持内容を支持するフィードバックループがイナクトメント，淘汰プロセスに影響を及ぼしている状態である。
　ところで上で触れたように，Weickは保持されている内容をさす語として，イナクトされた環境と因果マップという言葉を使い分けている。イナクトされた環境という用語は，「有意味な環境は組織化のアウトプットであってインプットではないことを強調するとき」（We 79, 171頁），すなわち組織による環境創造性をとりわけ強調する場合に用いられている。断片的記憶を因果の線で結び，それらを連関させて示したものが因果マップである。
　因果マップは，相互に因果的に関係づけられたさまざまな概念や変数などの断片によって作り上げられたマップであり，人びとはそれを

通して多義的な現象を眺めることによって，目前の多義的な現象の中に潜むさまざまな要素を因果的に関係づけ，意味を付与し，現在生じていることに対する共通理解に達することができる。保持とは言い換えるなら組織の記憶と言ってもよいだろう。しかし，それは単なる断片的な記憶ではない。上で述べたように，個々の要素は因果の線で結ばれ，有意味な世界を形作っている。

「また保持ステップは（とくにイナクトメント・ステップとは反対に）組織の安定源であり，アイデンティティや"その国のかたち"がよりどころにしているところである」（遠田, 1998a, 69頁）。「保持システムの内容とくにくり返される因果マップが組織内の主要な安定源である」（We79, 306頁）。これらの保持に関する記述を読めば，1995年版で集主観性として論じられているものは，1979年版で保持内容として論じられているものと同一であると考えてもよいだろう。

ところで，Weickは1979年版で保持内容の変容について，deBono (1969) のゼリーモデルを提示し数ページにわたって説明しているが，遠田（2002）は「Weickはデボノ（de Bono）の"ゼリーモデル"を用いて保持の特質を論じているが，それはあくまで個人の記憶をシミュレートしたものに過ぎない（詳しくは，Weick, K.E., 1979, pp.208-15〔同訳書, 1997, 270-279ページ〕を参照されたい）。組織の記憶について組織特有のメカニズムがあるのではないか？」（遠田, 2002）と批判している。

遠田（2002）の批判を待つまでもなく，ESRモデルでは，保持内容の変容についてほとんど説明することができないことは明らかであろう。ESRモデルでは，保持内容の変容は，わずかに淘汰プロセスから流れ込む解釈の残滓をもって考察する以外に方法がない。以下で淘汰プロセスについて眺めていくが，1979年版で論じられている保

持内容の変容に関する記述は，deBono (1969) のゼリーモデル[31] 以外にはほとんど以下で取り上げた内容でしかない。

「淘汰は，イナクトされた多義的なディスプレーに多義性を削減しようとしてさまざまな構造をあてがうことである。このあてがわれる構造はしばしば相互に結びつけられた変数を含んだ因果マップの形をとるのだが，それらは過去の経験から構成される。過去においてその効果が認められているマップを目前のパズルのようなディスプレーに当てはめると，何が今生じているかについての妥当な解釈が得られることもあるし事柄をいっそう混乱させてしまうこともある」(We79, 170頁)。遠田 (1998b) は，社会におけるジャーナリストやトリックスターがイナクトメントの任を専らとしてると述べてから，淘汰とは「評論家なる人たちが鎬を削る場である」としている。「淘汰は，前のステップで提示された多義的な問題やパズルに対して，コミュニケーション活動を展開し全員一致や多数決あるいはボスや権威機関の一声などによって一つの解釈を淘汰・選択するステップである」(遠田, 1998b)。

淘汰プロセスであてがわれるのは，過去に形成された因果マップである。それを今進行中の問題なりに当てはめて，それが妥当でないと考えられれば破棄されることもある。BCSの事例では，親が子供を虐待する訳がないという保持内容が，目前に現れた幼児の外傷を解釈するにあたって当初あてがわれた。突然幼児の体に現れる外傷例が多数報告される中で，徐々に従来の因果マップは破棄されていった。「淘汰過程は意思決定が宿るところであるが，組織化モデルにおける意思決定とは，世界についてのある解釈やその解釈から敷衍されるも

---

31　deBono (1969) のゼリーモデルは個人の記憶を考えるに際して，優れたメタファーとなる。この点については第4章で改めて触れる。

のを選択し，そうした要約を以後の活動に対する制約として用いるかどうかを決定することである点を銘記すべきである」(We79, 226頁)。

「組織化モデルによれば，組織メンバーは最初に言葉，行為あるいはハプニングといったもの－それらはみな多義的である－を生成し(かつ)あるいは囲い込む。これら多義的なインプットは，淘汰過程で変換されて，有意味なものになる。さまざまな相互連結サイクルからなる淘汰過程で，そうした多義性にあてがわれるいくつかの意味が淘汰される。試される多くの可能な意味が，使えないとか現在のデータと矛盾するという理由で，正にふるい落とされるという意味で，淘汰なのである。試されるあれこれの意味は，過去の経験（それは保持から淘汰への因果の矢印で示される）とイナクトメントそれ自身の暗示するパターン（それはイナクトメントから淘汰への因果の矢印で示されている）から生み出される」(We79, 226頁)。

上の淘汰プロセスに関するWeickの論述を読めば，間主観性のイノベーションが宿るのはまさに淘汰プロセスであることが理解できよう。先に述べたように，保持内容が集主観性であると考えるなら，保持内容を支持すべくイナクトメント，淘汰プロセスへフィードバックするループが集主観性のコントロールを示しており，集主観性に変容を迫る間主観性のイノベーションは淘汰プロセスにおいて生起し，淘汰プロセスから保持へと向かう流れの中に間主観性のイノベーションが存在することになる。

ここで注意すべきは，淘汰プロセスから保持へと向かう流れがすべてイノベーティブではない点である。それらの中には保持内容をさらに強化する（集主観性を強化する）流れも含まれる。仮にそれが保持内容に対してネガティブであったとしても，それがイノベーティブで

あるためには，センスメーキングの契機に関する先の考察からも明らかなように，不満足を生じる閾値に達した何らかのショック－予期せぬ失敗にもたらされたものであれ，新奇な事象によってもたらされたものであれ－が伴わなければならないだろう。淘汰プロセスから保持内容への流入に，支持，否定の双方を含むことが ESR モデルを分かりづらくしているばかりではなく，上でも述べたように，ESR モデルでは，保持内容の変容やそのきっかけについて十分に説明することができない。

もし保持内容の変容メカニズムを ESR モデルを発展させることで説明しようと試みるならば，ここでも先に論じた契機に関する議論を敷衍して，淘汰プロセスから保持への否定的流入が，通常は何らかの障碍によって阻止され，その障碍を克服するような閾値に達した契機が生じた場合にのみ保持が変容を迫られるというモデルとなるだろう。その障碍を乗り越えられない否定的流入は保持内容を変容させるには至らないと考えるのである。

保持からのフィードバックが集主観性のコントロールを示していると考えるならば，保持内容は組織が組織足りえるための源泉であり，それが常にかつ激しく変容していては組織は常時安定性を欠き，ルーティンや標準実施手続きによる便益を享受すること能わざる状況に陥るか，それが行き過ぎれば崩壊の危機に瀕するようになるだろう。保持内容の変容を一定限度に抑圧する何らかの障碍を想定することで，組織の安定性に関する説明原理を担保すべく試みるのである。ここで少しばかり触れた安定性（裏を返せば柔軟性）に関しては後でさらに詳しく検討する。

議論を先に進める前に，Weick がいう淘汰の特質としてしばしば

強調している回顧性について少しばかり触れておきたい。激しい議論が戦わされてきた目的の先行性に対する懐疑を理解するためには回顧性に関する理解が欠かせないからである。

淘汰の回顧性については「時間に次のような2つの異なる形を考えてみれば，いっそう明確になるだろう」(We79, 250 頁)。2つとは，純粋持続と離散的断片である。純粋持続は，Schutz (1967) によれば「生まれそして過ぎ去っていくことであって，それには何の輪郭も境界も分化もない」(Schutz, 1967, p.47)。「純粋持続は経験の流れの一つとして記述できる。経験が複数形でなく単数形であることに注意されたい。複数の経験について話すということは，不連続で別個の内容を暗示しているが，純粋持続はこうした区切としての特性をもっていない」(We79, 251 頁)。対して，われわれが日常的に思い浮かべる経験は，複数の断片化した連続である。われわれの日常的感覚との乖離をWeick (1995) は次のように述べる。

　読者はこれに反論して，自分たちの経験はめったにこのような連続的な流れという性質を帯びることはないと言うかもしれない。つまり，われわれがよく知っているように，経験は複数の明確な事象の形で存在しているのだ，と。しかし，このような印象を持つのは，経験の流れのなかから外へ出てそれに注意を向けるからこそなのである。そして，その注意の対象となりうるのは，存在するもの，つまりすでに経過し終えたものだけである。

(We95, 33-34 頁)

Shutz (1967) は次のようにも述べている。

## 第 2 章　Weick 理論

　私が内省という行為によって私の現在の経験に注意を向けるとき，私はすでに純粋持続の流れのなかにはいない。私はもはやその流れのなかで生を送っているのではない。諸経験が感知され，識別され，浮き彫りにされ，お互いが分かたれる。そして，持続の流れのなかの諸相として構成されていた諸経験は，構成された諸経験としての注意対象となる……意味の研究にとって最も重要である注意という行いは，過ぎ去った経験，要するにすでに過去の経験を前提としているのである。　　　　　　　　　　　（Shutz, 1967, p.51）

「実際，われわれが知っているような経験は，境界をなし，不連続性をもち，挿話的で，粒子のような性質をもっている。しかし，経験が区分されていると感ずるのは，経験の流れのなかから外へ出てそれに注意を向けるというやり方をしたときだけである」（We79, 251頁）。G. H. Mead（1956）も同様のことを述べている。

　われわれは絶えずし終わったものを意識しているのであって，決してしていることを意識するのではない。われわれは絶えず感覚過程だけを直接に意識するのであって，決して運動過程を意識するのではない。それゆえ，われわれは感覚過程を通じてしか運動過程を意識しておらず，運動過程は感覚過程の結果として生ずるものである。　　　　　　　　　　　　　　　　　　　（Mead, 1956, p.136）

これらは，意味とは断片的に見える経験と一体になって常に存在するものではなく，純粋持続の流れから一歩外に出て，過ぎ去った断片に注意を向けるときに与えられるものであることを示している。
　Mintzberg（1989）によれば，戦略とは「未来への計画案であると

同時に，過去からのパターン」(Mintzberg, 1989：訳, 41頁）であり，「計画的である必要はない——多かれ少なかれ自然に形を現すことがある」（前掲訳書, 45頁）ものであり，工芸制作に例えられるようなものである（前掲訳書, 37-64頁）。*Mintzberg on Management* の邦題は『人間感覚のマネジメント—行き過ぎた合理主義への抗議』であるが，邦題によく表現されているように，現在の企業の行き過ぎた合理主義的あり方を批判し，非合理，直感などを重く見ている点で印象的である。この本の中で彼が主張している戦略概念，すなわち計画としてではなく，意思決定の流れの中で事後的に生じたものであるという考え方は，事実そのものが回顧的に有意味に作られるという Weick の主張とも通底している。

Weick (1995) は，H. Garfinkel の陪審における意思決定に関する研究[32]を引用して以下のように語っている。

　私がどのようにしてセンスメーキングに関心を持ちはじめたのかという若干個人的な話をしよう。私がこの問題に惹かれたのは，私が 1960 年代初めに Harold Garfinkel と Harold Pepinsky と話をしたことに遡る。そのときの話題は，陪審における意思決定に関する Garfinkel の研究だった（後に公刊，Garfinkel, 1967, pp.104-115；Garfinkel の研究の最新情報は Maynard & Manzo, 1993 を参照のこと）。私が大変面白いと思ったことは，陪審員たちが被告の悪意やその程度をまず見定め，それから浴びせるべき非難を考え，最後に一つの量刑を選択しているようには見えないという Garfinkel の主張だった。そうではなくて，陪審員たちは

---

[32] H. Garfinkel が中心となって展開した一連の議論—エスノメソドロジー—については，次章で詳しく検討する。

まず量刑を決定し，それから激しい応酬の中からその量刑を正当化するような"事実"を決定するのである。陪審員は本質的に，意味的に一貫している一本の筋を創り出し，それからその筋があたかも現実に起こったことであるかのようにしたのである。「もし，解釈が具合のよい意味を生み出すなら，その解釈は起こったことなのだ」(Garfinkel, 1967, p.106)。事実とは，陪審員の評決を立証するために，回顧的に有意味に作られるものなのだ。

(We95, 13 頁)


意味は過去から引き出される。われわれは事実——あるいはわれわれが事実と見なす何物か——によって自分の行為を知り，理解するにすぎないのである。ならば，計画性の名の下に立ち上げられた戦略というものにそもそも意味があるのだろうか。もし意味があるとするならば，「将来に関する情報は不完全であり，現実を回顧的にとらえているため」(Scott 等, 1981：訳, 332 頁)，「過去に意味を与えることぐらいである。いいかえれば，計画化という行為は，価値ある過去の行為に意味を与えるには役立つが，計画それ自体には意味を与えないのである」(Scott 等, 1981：訳, 332 頁)。もし意味を考えるのであれば，それはむしろ「シンボル，宣伝，ゲームそれに相互作用の口実」(We 79, 14 頁) として考えた方がよいだろう。これらの戦略論が回顧性に着眼していることは興味深い。Mintzberg および Scott らの戦略論については，ここではこれ以上立ち入らない。これらに関しては，後の章でさらに詳しく検討する。

以下の Scott 等 (1981) の記述は，回顧性の本質を簡明に突いている。「トーマス (W. I. Thomas) は，その著作において『もし状況が現実として定義されるならば，その状況は事実である』と論じて，個人的視座

の概念を提唱した。この基本的概念はミード（G. H. Mead），オルポート（F. H. Allport），スキナー（B. F. Skinner），ベム（D. J. Bem），ガーフィンケル（H. Garfinkel），シャハター（S. Schachter），シュッツ（A. Schutz），およびウェイク（K. E. Weick）によって拡大されてきた」（Scott 等, 1981：訳, 1985, 329 頁）。「進行中の出来事はフローであって確定していないからである。かくして，現在の出来事は個別的な経験として現れないので，われわれはそれに気づかないのである。もし出来事のフローが個々の固まり（chunks）に分けられるとすれば，われわれは生じたことを事実として確認できる。われわれは経験を分類し，説明し，そして相互に関連づけることによってこのことを行なう。もし強化の歴史，知覚機構，および記憶装置が同じであるなら，われわれは共通の経験フローに対して同じ意味づけをすると期待されるかもしれない。しかしながら，これは正しくない。われわれは特性，能力，および過去の経験において相違し，それゆえ現実の解釈も異なるのである。ウェイクはこの議論を命名した行動規定化概念（enactment concept）に従って発展させた」（Scott 等, 1981：訳, 329 頁）。

　回顧性について理解したところで，目的の先行性への懐疑について考えてみよう。
　Barnard（1938）理論，Simon（1957）理論に従うならば，目的の先行性こそが組織成立の必要条件となるが，Weick によれば，目的は先行すべき必要条件とはならない。それどころか逆に，人びとはまず手段において収斂する。

　　次の点を銘記されたい。関心が最初に収斂するのは，他者が自分

に利益を与えうると各人が予期しており,しかも,これがどのようにして達成されるのかについて各自が類似した考えをもっているからである。まず最初に,ある構造がいかに形成されうるのか(すなわち,手段)について共有の考えの収斂があり,次いで,人びとは一連の相互連結行動をくり返す——すなわち,集合構造を形成するのである……人びとは最初手段について収斂するのであって目的についてではない……これが Allport の集合構造の言わんとするポイントである。個々人は,それぞれある行為を遂行したいと欲し,それを実現するためには他者に何事かをやってもらう必要があるから,互いに集まるのである。人びとが集合的に行為するために,目標の一致は必要ではない。 (We79, 117 頁)

 Weick によれば手段において収斂した人びとの中で「相互連結行動に収斂すると,多様な目的から共通の目的への微妙なシフトが生ずる」(We79, 119 頁)。「つまり,メンバーの目的はそれぞれいぜんとして違うが,共有された目的が次第に支配的になる」(We79, 119-120 頁)。Weick の考えに従えば,例えば,インターネットを介して,人びとが当初手段的に結合し,その中から間主観的,集主観的コミュニケーションを通して,ある方向性が浮かび上がってくるという現代的様相を描出することが可能になる。
 Weick の目的ではなく手段的行為の先行性は,上で述べたセンスメーキングが回顧的プロセスであると言う考えから導出される。

 これまでの話から,決定ということの新しい意味がおわかりいただけただろう。それによれば,決定者とは,ある意味を取り出し,その結果を直接導いたように見える歴史を回顧的に構築する人のこ

とである。人は，そのときそうは思っていなかったとしても，自分がもともと決定的であったと考えるものだ。しかし，（回顧的ではなく）先見的意味では，決定性はふつう不可能であり，そのため管理者は偽善者のようにも見えてくる。先見的決定性は，予期せざる事象や最初の行為の予測できない結果によって徐々に軌道修正される。回顧的決定性は，そうした誤った始点や迷走の跡を消している。 (We95, 243頁)

Weickが目的が先行することを必ずしも否定しているのでない点は留意されたい。先に述べたようにWeickは目的に「シンボル，宣伝，ゲーム，それに相互作用の口実」(We79, 14頁) としての役割は認めているのである。ちなみに，Cohen & March (1974) は，*Leadership and Ambiguity* の中でアメリカの大学における学長のリーダーシップにおいても計画がシンボリックであることを提示している。彼らのいう「計画はシンボルとなる」(Cohen & March, 1974, p.114)，「計画は宣伝になる」(*ibid*, p.115)，「計画はゲームをもたらす」(*ibid*, p.115) といった言葉は印象的である。Cohen & March (1974) では目的の先行性に対する懐疑が具体的に示されていて興味深い。

稲垣 (2002) は，「従来の理論に依拠しながら，行為は目的や意図を実現するための手段であり，行為の前に十分に思考すべきであると反論しただけでは，おそらく議論は平行線を辿り，揚句のはてにどちらの場合もありうるという凡庸な結論へと至る低いレベルの論争に終始することになるかもしれない」(稲垣, 2002, 199頁) と指摘しているが，ここでは目的および手段，それらの先行性に関しては，Weickが目的先行の必要性を認めていない点を確認するに止め，話

を元に戻すことにしたい。ただし，これらの議論の根底には，センスメーキングの回顧性の是非に関わる議論が存在することを見逃すべきではない。

## 安定性と柔軟性，適応性と適応可能性について

ここでは続けて，上で少しばかり触れた，ESR モデルで保持からイナクトメントと淘汰プロセスへのフィードバックループがプラスに作用する（保持内容を支持している）かマイナスに作用する（保持内容を否定している）かによって，組織認識の形成プロセスに4つの状態が存在する点を確認し，それぞれの状態を簡単に眺めた後，安定性と柔軟性，適応性と適応可能性という組織論永遠のテーマの一つについて考えていこう。

4つの状態とはすなわち，
1，（＋,＋）の状態；保持からイナクトメント・淘汰プロセスへのフィードバックが両方ともプラス（支持）である状態，
2，（＋,－）の状態；保持からのフィードバックが，イナクトメントではプラス（支持），淘汰プロセスへはマイナス（否定）で作用する状態，
3，（－,＋）の状態；保持からのフィードバックが，イナクトメントではマイナス（否定），淘汰プロセスへはプラス（支持）で作用する状態，
4，（－,－）の状態；保持からイナクトメント・淘汰プロセスへのフィードバックが両方ともマイナス（否定）である状態，
である。

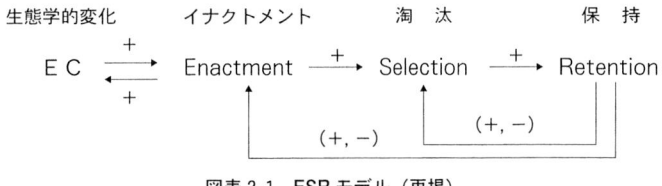

```
        生態学的変化        イナクトメント        淘　汰            保　持
                    +
          Ｅ Ｃ  ⇄  Enactment  ─+→  Selection  ─+→  Retention
                    +
                                        (+, −)       (+, −)
```

図表 2-1. ESR モデル（再掲）

　第一の状態は，イナクトメント・淘汰プロセスの両方で保持されている内容が全面的に信頼されている状態である。どのような手掛りを抽出するのか，抽出された手掛りをどう意味づけるのかにおいて保持が全面的に信頼され，保持されている内容は強化の一途を辿ることになる。

　Deal & Kennedy（1982）が「強い文化－持続的成功の推進力」(Deal & Kennedy, 1982：訳，2頁) と強調する「強い文化」が組織内に存在し，多くのメンバーがそれを支持している状態である。start-up あるいは early-stage の企業で，創業者が自らのビジョンを社内に徹底しようとし，メンバーの多くもそれを支持している時などがこの状態である。

　第二の状態は，イナクトメントには制限が加えられていたり，現在のフレームを用いることが支持されているが，淘汰は自由，あるいは現状に疑いをもつことが評価されているような状態である。この状態にある組織では，メンバーは自分たちの集主観性と一致した都合のよい情報だけを見ている。また，行為においては厳格に組織内規範に従うことが要求されている。しかし，それらをどう解釈するかは各人の自由，あるいはむしろ現状に否定的考えをもつ者が重視される場合すらある。

　歌舞伎や茶道の世界を思い浮かべると，おそらくこの状態に近いで

あろう。なぜなら，そうした世界では，「あらゆる種類のイメージや目的や確信が，伝統として伝えることができる。しかし，たった一つだけ伝えられないものがある。それは行為である。行為がなされた瞬間に，それは存在しなくな」(We95, 168 頁) り，伝統の妙味が，「行為がシンボルになるときのみ持続し伝達されるところに」(We95, 169 頁) あって，「すなわち，行為のイメージ，およびそれらのイメージが再びイナクトされるように求めたり促したりする確信だけが伝達可能」(We95, 168 頁) だからである。

　第三の状態は，第二の状態とは反対に，イナクトメントには何ら制限が加えられないか，あるいはむしろ現状否定的な姿勢が評価されたりもしているが，淘汰プロセスでは現在のフレームを用いるよう求められている。情報，行為に対して自由あるいは現状否定的でありながら，考え方の統一性が重視されているような状態である。

　「これを大規模なスケールで見事にやってのけているのが，中国の経済改革である。現代中国の常識あるいは伝統は社会主義思想である。しかし，1980 年代以降，"改革解放" のスローガンの下，大胆に市場経済を導入した。これは，常識を疑ったイナクトメントである。ならば，淘汰ステップにおいても社会主義を否定するような言説・解釈がまかり通っているかといえばそうでもない。いぜんとして，共産党の指導が徹底しているのである。このあいまいさは，社会主義市場経済という一見矛盾するネーミングに文字通り表されている」(遠田, 1998a)。

　イナクトメントと淘汰において，アンビバレントなフィードバックがなされているという点では，(＋, －) と (－, ＋) は同じである。しかし，(＋, －) においては，淘汰プロセスがイナクトメントからはプラス（すなわち保持からもプラス）の影響を受けているため，保持

からのマイナスのフィードバックが幾分減殺されて緩やかになるのに比べて，(−,＋) では淘汰過程が常にイナクトメントからプラスの影響（すなわち，保持内容からはマイナスの影響）を受け続けているため，淘汰プロセスへの保持からのプラス作用が弱化する。結果，保持から淘汰プロセスへのフィードバックがわずかに弱まっただけで，次に述べる (−,−) へ移行しやすく，(＋,−) よりも不安定であると考えられる。

　第四の状態は，メンバーの多くが，イナクトメント，淘汰プロセスの双方で自由，あるいは現状否定的になっている状態である。この状態にある組織は，自らの過去を徹底的に否定しようとしているとも言えるだろう。

　(−,＋) から (−,−) へ意図に反して移行せざるをえなくなった一例として，M. Gorbachev によって始められたペレストロイカ（改革）をあげられよう。彼は最初にグラスノスチと言われた情報公開（Gorbachev からメンバーへの作用）を手掛けた。彼は，「わが国の歴史上，初めてとも言うべき，流血を回避した革命的変革の道はないものか，と」(Gorbachev, 1991：訳, 15 頁)「蓄積された矛盾が激しい爆発にいたることのないよう心を配」(前掲訳書, 14 頁) り，「連邦制度と単一の市場経済」(前掲訳書, 94 頁) という「改革を……合憲的（当時のソ連体制下において"合憲的"）に進行させよう」(前掲訳書, 14 頁, 括弧内は引用者) と望んでいた。彼がイナクトメントにおいて保持からのフィードバックがマイナス（グラスノスチ，市場経済）になることを欲しつつも，淘汰プロセスにおいてはソ連体制が維持されるという緩やかな改革を望んでいたことが分かる。しかし，Gorbachev の思惑に反して，「ペレストロイカが促したともいえる民族自決主義の台頭や，勤労意欲を高めるための所得制改革に関する法

律」(前掲訳書,11頁) を要求する声（メンバーの反作用）など，「何もかもがいちどきに押し寄せて」(前掲訳書,11頁) くる中で，彼は失脚した。

環境が非常に安定しているなどの理由で，一度成功したフレームが続けて企業に成功をもたらす可能性が高い場合，保持されている常識やイナクトされた環境はただ確認・強化されるのみになりやすい。イナクトメントと淘汰の双方が安定し，企業内での業務活動もコミュニケーション活動もルーティン化していく。ルーティン化は経済的に高い効率をもたらし，さしたる環境変化が生じないのであれば，企業はますます成功を謳歌する。

そうした中で，メンバーは皆，同じような物を見て同じように解釈し続ける。Campbell (1965) は次のように述べている。「いかなる組織でも習慣のなれ合い (habit meshing) という過程が生じるが，そこでは各人の習慣が他者の環境の一部となっている。罰が与えられる出会い (encounters) によって習慣は消去される (extinguish) 傾向があり……報酬が与えられる出会いによって両者の側で行動傾向 (behavial tendencies) の強さが高められる。このようにいかなる社会的組織も，適応性が高められることとは無関係に，内部での具合の良さ (internal compatibility) の方向へと流れていく傾向がある」(Campbell, 1965, p.33)。同じものを見て，同じように語るメンバー同士は，コミュニケーション活動を通して常に高い報酬を与えられ続ける状態となり，「習慣のなれ合い」に陥る。「習慣のなれ合い」に陥ると，環境が変化しても何ら実質的な注意を払わず，「内的淘汰を満足させる行為は，万事うまくいっているとの錯覚を生む」(We79, 231頁)。このような状態に陥ると，もし仮に外的環境に生態学的変化があったとしても，それらをイナクトせず，それらを一過性のもの

とみなしたり例外とすることで見逃してしまうようになる。こうして，組織は外的環境にこれまで同様のシーンを見続ける。つまり，「イナクトされた環境という形での過去の経験がそれだけで意味形成の相当の材料を提供」（We79, 169頁）し続けると，先に述べたように，組織は外的環境の変化から「自らを長期にわたって隔離しうる」（We79, 310頁）ようになり，やがてはクローズド・システムとなる可能性が高まる。

上で述べた安定性が保持からのプラスのフィードバック，すなわち集主観性のコントロールの産物であることは明白である。集主観のコントロールは，組織における安定性の源泉であり，上で述べたように，それは単なる"烏合の衆"と組織を明確に分かつメンバーの互換性をもたらす重要な作用である。それはルーティンを強化し，コミュニケーションコストの劇的な削減を可能にする。「安定性は，一時的な変化を取り扱う経済的な手段を与える。というのは，世界には規則性というものが現にあり，組織に記憶と反復能力があればその規則性が活用できるからである。しかし，慢性的な安定性は逆機能的である。なぜならば，それがためにもっと経済的な方法があるのに見出されなくなるかもしれないし，新しい環境変化が気づかれなくなるかもしれない」（We79, 280頁）からである。

行き過ぎた安定性が危険なように，過度の柔軟性もまた危険である。過度に柔軟で安定性を失った組織は無秩序になりやすい。組織がいったん無秩序になると，先ほどとは逆の悪循環が生じてしまう。上で挙げたM. Gorbachevによる改革を思い出して欲しい。「いかなる社会的単位も，自らの歴史，自ら何をやってきたのかそして何をくり返してきたのかによって自らを定義するもの」（We79, 280頁）であるが，「完全な柔軟性は逆に，組織のアイデンティティや継続性を妨

げてしまう」（We79, 280頁）。「アイデンティティの確立と維持がセンスメーキングの中核的な前提」（We95, 26頁）であることを考えれば，完全に柔軟な組織はセンスメーキング不能，すなわち制御不能となってしまう可能性も高くなる。行き過ぎた安定性によって，組織が環境から孤立する危険がある一方，逆に過度の柔軟性がもたらす制御不能の危険も同様に見逃してはならない。

安定性と柔軟性，適応性と適応可能性の両立は組織論にとって永遠に解決できぬとも思われる重要なテーマの一つであるが，Weick（1979）はシステム理論に基づいてこのテーマをさらに考察している。

Weick（1979）は，Maruyama（1963）らのシステム理論に基づいて，ループ中の－（マイナス）符号が「偶数ならば，そのループは逸脱－増幅ループ」（We79, 93頁）となると述べる。なぜならば，「ループ内のある変数の値が増大したとき何が生じるかを考えれば分かる。出発点となった変数の値が，サーキットを一巡した後さらに増加し，二巡三巡する毎に増加し続けるのが分かるだろう。偶数の－符号をもつ因果ループには，制御とかコントロールというものがない。つまり，ある変数が（上方であれ下方であれ）いずれかの方向にいったん動くと，その変数の同一方向への動きは，システムが壊れるか変質しない限り止まらない」（We79, 94頁）からである。

しかし一方で，逸脱－増幅ループが破壊的暴走をもたらすのみではなく，建設的成長の源泉ともなりうる点を見逃してはならない。すなわち，「現在の状況に見事に適応している組織」（We79, 176頁）は，逸脱－増幅ループによってさらに環境適応性を強め，いっそうの成長を持続できる可能性が高い。それが継続することで，「適応が適応可能性を排除」（We79, 176頁）する結果を招き，「その状況が変わったときには適応できな」（We79, 176頁）くなってしまう可能性が拡大

していると言えども,「見事な適応に陥らないようにする組織は,その時々の適応をよくする組織と競争するとき崩壊する」(We79, 176頁)危険に瀕する。

これまで述べてきたように,Weick (1979) が提示した ESR モデルは,保持からイナクトメント,淘汰プロセスへのフィードバックループを (＋, －) あるいは (－, ＋) に,すなわち保持からのフィードバックをイナクトメント,淘汰プロセスに対してアンビバレントな状態に保つことで組織は適応可能性を高めることが可能になるということを示していた。

ところが,これは言うは易く行うは難きことではないだろうか？ 1979 年版を出版した当時,Weick 自身も,そうしたアンビバレントな状態を維持することの難しさを感じていたらしく,以下のような記述がある。

　現在の状況に見事に適応している組織は,その状況が変わったときは適応できないだろう。しかし見事な適応に陥らないようにする組織は,その時々の適合をよくする組織と競争するとき崩壊するだろう。この緊張はすべての組織化にあるものであって,組織化の決定を由々しきものとする力学が生ずるのもこの緊張によるのである。　　　　　　　　　　　　　　　　　　(We79, 176頁)

Weick (1979) は,適応性か適応可能性かについて論じつつ「組織の主たる傾向は,大事な事象の単純化,均質化それに把持の簡略化」(We79, 335頁) にある (すなわち安定性,適応性の強化) が,適応可能性を拡大するためには意図的に「複雑化」(We79, 335頁) すべきであると主張し,「組織がしばらくの間,知っていることを全

面的に疑いながら活動する」(We79, 335 頁) ことを勧めている。こうした記述から考えると，1979 年版執筆当時における Weick の考え方は，イナクトメントと淘汰プロセスに対して，保持からのフィードバックループを同時に逆転させながらアンビバレントな状態を維持するのではなく，保持からのフィードバックがイナクトメントと淘汰プロセスに対してどちらも＋な状態の合間に，時折どちらも－の状態を差し挟むことで適応性と適応可能性を両立させようとするものであったと考えるべきである。

Weick が ESR モデルを用いて，システム理論まで動員しながら提示した保持からイナクトメント，淘汰プロセスへのアンビバレントなフィードバックは，髙橋 (2001) で論じられているように現実的に考えても至難の技としかいいようがないように思える。そもそも安定性と柔軟性，適応性と適応可能性の両立自体がアンビバレントな対応を求める本質を内在しているのである。その問いを解く鍵をアンビバレンスに求めたのでは解決への鍵を得たとは言い難い。

ここでもこれまで何度も論じられてきた"閾値"，"ショック"といったセンスメーキングの契機に関する議論を通して育まれてきた概念を導入することを提案したい。なぜならば，"閾値"という概念は，変化を認めつつ安定性をも内包しているからである。上で Weick が 1979 年版執筆当時，インプリシットに示していた考え方，すなわち保持からのフィードバックをアンビバレントに保つのではなく，時折双方とも逆転させてみるという手法，も"閾値"を越えた場合にのみフィードバックの逆転が生起すると考えれば，この概念を導入することでより明瞭な説明が可能となる。

## 今後の研究に向けて

　本章では ESR モデルを再検討しつつ，同モデルに突き付けられてきたいくつかの疑問点について，ESR モデルを発展的に精緻化することでそれらを乗り越える道を模索してきた。

　本章でこれまで提示してきた主要な発展的精緻化の道は，センスメーキングの契機に関する多くの先行研究が示している"閾値"，"ショック"という概念を ESR モデルに取り込むことであった。

　冒頭で提示した，① センスメーキングの契機が十分に説明できない（遠田, 2002），② Weick が求めている保持からのイナクトメント，淘汰プロセスへのアンビバレントなフィードバックは現実的ではない（髙橋, 2001），③ 保持内容の変容メカニズムが明らかにされていない（遠田, 2002）といった疑問のいずれを解消するためにも，Schroeder, Van de Ven, Scudder & Polley (1989) の，センスメーキングが開始されるには「注意を払うように促し新奇な行為を開始させる行為閾（action thresholds）の刺激となった何らかのショックが存在」(Schroeder, Van de Ven, Scudder, and Polley, 1989, p.123) する必要があるという指摘は示唆に富んでいる。"閾値"という概念をいかに明示的にモデルに組み込むかは，今後の重要な研究課題となるであろう。

　もう一つ，ESR モデルの発展的精緻化にとって，遠田 (2002) の以下の主張は傾聴に値する。

　　ここで，互解が主として私的コミュニケーションを通して形成されるのに対して，常識が公的コミュニケーションなかんずく教育を

通して伝えられるという点に注意して欲しい。常識は組織によって権威づけられているものなので，その継承のみならず精緻化も組織のあり方を反映した，例えば先生－生徒，上司－部下，先輩－後輩あるいは親－子といった社会的関係の中で教え育まれる。このように，常識は，説得とか納得というより，権威関係の中で「強制」されるものなので，教育されるものというよりむしろ「指導 (instruction) される」ものと言ったほうがよいのかもしれない。

それに対して，互解は組織の権威づける常識とは異なるいわば局所的な共有意味世界である。したがって，それは組織における社会的関係が薄い，例えば私的会話やミニコミを通して形成され広められる。　　　　　　　　　　　　　　　　　　　　　　　（遠田, 2002）

遠田 (2002) は，これまで何度も登場してきた集主観性，間主観性を分かりやすく和語で表現するならばそれぞれ"常識"，"互解"という語が適切であろうと述べた上で，それぞれに与るコミュニケーションを上のように二分化して考えているのである。

遠田 (2002) は，互解の伝達が「私的なコミュニケーション」に拠り，常識の伝達が「公的コミュニケーション」に拠るとしているが，この点は Wiley (1988) と異なる。Wiley (1988) は間主観性の活性化が私的コミュニケーション・ルートに拠り，集主観性の強化が公的コミュニケーション・ルートに拠るとは限定してはいない[33]。

---

33　しかし，Wiley (1988) が「間主観性は，コミュニケーションし合う2人以上の自我の交換と綜合」(Wiley, 1988, p.258) を通して，すなわち「個人的な思考，感情，意図が会話の中に統合ないし綜合」(Weick, 1995, p.71：訳, p.97) すると論じていることや，そのコミュニケーションは規範が共有されるような相互作用ではない (Wiley, 1988, p.254) と論じていることを考えれば，Wiley (1988) も遠田 (2002) が指摘していた私的コミュニケーションについてインプリシットに触れていたと考えてもよいのかもしれない。

今後の研究に向けて　75

　コントラストを鮮やかにするために挙げれば，公的コミュニケーションと私的（非公式）コミュニケーションについて，Simon (1957) は以下のように論じている。

　　組織のなかにいかに入念なフォーマルなコミュニケーション体系があるとしても，それはつねにインフォーマルの経路によって補われる。このようなインフォーマルな経路を通じて情報，助言，および，場合によっては命令さえも流されることがある……早晩，現実の諸関係の体系は，おそらくフォーマルな組織体系に定められたものとは，大いに異なったものとなろう。
　　インフォーマルなコミュニケーション体系は，組織のメンバーの社会的な諸関係をめぐってつくりあげられている。2人の個人的な友情は，たび重なる接触の機会を生み，また，「職場外で仕事の話をする」機会を多くする。それはまた，一方が他方のリーダーシップを受け入れることになれば，2人の間にオーソリティーの関係を生むことにもなる。　　　　　　　　　　　　　　(Si, 208頁)

　　インフォーマルなコミュニケーション体系は，組織のメンバーの個人的な計画を進めるのに用いられることがしばしばある。このことから，クリークという現象が発生する。クリークは，インフォーマルなコミュニケーションのネットワークをつくりあげ，これを組織内に権力を確保するための手段として用いるグループである。クリーク間の対抗意識は，おそらく社会関係に一般的な敵対意識を生み出すことになり，インフォーマルなコミュニケーション体系の目的をそこなうことになるであろう。　　　　　(Si, 209頁)

上から明らかなようにSimon (1957) はここでも秩序維持の発想に立っている。Simonはインフォーマルなコミュニケーション・ルートを認めながらも，それはあくまでフォーマルなコミュニケーション・ルートを補うためのものであり,「インフォーマルなコミュニケーション体系の目的をそこなう」と述べていることから分かるようにSimon (1957) にあっては，インフォーマルなコミュニケーションさえも，組織目的達成を支えるべきコミュニケーション・ルートであるべきなのである。Simon (1957) はさらに「うわさ話」(Si, 210頁) にまで組織目的にとって「建設的な役割」(Si, 210頁) を求めている。

「行為が目的に先行する」(We79, 25頁) というWeickは，Simonのような立場はとらない。Weickは1979年版で,「組織がヨコに広がり，直接に監督が行われなくなるにつれて，非公式な接触がより多く開始され維持されるであろうこと，およびこれらの接触が作業に対していっそう実体的な影響をもつようになる」(We79, 24頁) という言葉で間主観性の活性化を暗示しているが, 1995年版ではSchall (1983) を引用しつつ以下のように明示的に述べている。

　　彼 (Schall, 1983-引用者注) は次のようにいう。すなわち，組織とは，

　　　　その参加者間の継続的なコミュニケーション活動の交換と解釈を通してのみ，発現し維持されるものである……相互作用している参加者がコミュニケーションによって組織化するにつれ，彼らは，共通の利害を軸に共有された理解を発展させ，集合的"われわれ"意識……つまり，"われわれ"の共有した理解に

適ったやり方で一緒に物事を行う一個の社会的単位としての意識を育んでいくのである。言い換えれば，組織化に固有のコミュニケーション・プロセスが組織文化を創り出すのであり，その文化はコミュニケーション活動を通して姿を現し……役割に規定されたり，目標やコンテクストに規定されるコミュニケーション制約—すなわち，ルール—によって特徴づけられる。 (p.560)

上の引用文には，交換とか，継続的なコミュニケーション，相互作用している参加者といったフレーズから間主観性がほのめかされている。一方，共有された理解とか，共通の利害，集合的"われわれ"，組織文化，役割，そしてルールという形式のコミュニケーション制約といった言葉に見られるように，集主観性についても多くが語られている。 (Wei95, 101-102 頁)

Weick (1995) による組織の定義「ルーティンを相互に結びつける集主観性，解釈を相互に強化する間主観性，そしてこれら 2 種類の形態の間を行き来する運動，を継続的コミュニケーションという手段によって結びつける社会構造」(We95, 225 頁)，および集主観はコントロールの，間主観はイノベーションの役割を果たすと考えられていたことを思い出して欲しい。集主観性のコントロールの担い手は，階層上位からの命令的コミュニケーションではない。それは共通理解，組織文化，集合的"われわれ"であり，それらはいずれも間主観性によって常に変容を迫られている。もちろん，共通理解，組織文化，集合的"われわれ"といったものにより影響力を行使できるのが階層上位である可能性は否定できないとしても，そうした場合も Weick 理

論は包含して説明することができる。

　遠田（2002）が，常識が公的コミュニケーションを通して伝達され，互解が私的なコミュニケーションを通じて伝達されると言うとき，遠田（2002）は"私的"という言葉に，組織における役割，ルールといった，現在の集主観性による権威に裏付けられていないという意味を込めている。Simon（1957）のいうクリークは，その時点での組織目的に貢献しえない限り非建設的であるが，互解—私的コミュニケーションによって育まれる間主観性—は，「"われわれ"の共有した理解に適ったやり方で一緒に物事を行う一個の社会的単位としての意識」（Smircich & Stubbart, 1985, p.560）を育み（クリークを育む場合も含まれる），「役割に規定されたり，目標やコンテクストに規定されるコミュニケーション制約—すなわち，ルール—」（We95, 102頁）へと発展する余地を残しているのである。すなわち，最初に厳然たる組織目的が存在するのではなく，たとえクリークであろうともその共有意味世界がイノベーティブな間主観性の域を越えて，組織全体の集主観性を代表するものであるといえるとき，すでにクリークは組織そのもの—たとえ，クリークそのものの維持・拡大がその目的であれ—といえるのである。間主観性のイノベーションによる組織認識の新陳代謝はこのようにして生起する。

　Simon（1957）においては，こうした組織階層において水平的なコミュニケーションが垂直的コミュニケーションとは違った組織認識（遠田（2002）の用語法に従えば"互解"）の形成を促す可能性，垂直的な命令的コミュニケーションと反するような組織認識が形成される可能性について十分な考察がなされているとは言い難い。

　上でWeick（1995）がSchall（1983）の主張を引用しつつ示していた，コミュニケーションプロセスを通じた組織認識変容のメカニズ

ム（イノベーティブな間主観性の活性化による集主観性の変容メカニズム）を ESR モデルに取り込む上で，遠田（2002）の二分法が大いに役に立ちそうである。

　保持を集主観性と捉え，淘汰プロセスから保持への流入に間主観性のイノベーションを見出すならば，あくまで試論ではあるが，淘汰プロセスにおける私的コミュニケーションの拡大を変数として，それがある閾値に達したときに，流入が支持から否定へと変容すると考えられるのではないだろうか？　すなわち，淘汰プロセスから保持への否定的流入は，公的コミュニケーション（保持からの支持的フィードバック）に抗して，より私的コミュニケーションが活性化されたときにのみ可能となると考えるのである。活性化が閾値に達しない場合，淘汰プロセスから保持への否定的流入はすべて拒否されてしまうとみなしてはどうだろうか？

　もし，ここで述べている試論を正当化しようとするならば，いったい何が閾値への障碍を構成しているのかを具体的に示す（閾値を明示化する）と共に，間主観性の活性化を私的コミュニケーションと連結させる何らかの具体的な関数を提示する必要があるだろう。もし，そうしたことが可能になるならば，Barnard 理論，Simon 理論が描く組織像とはまったく異なる組織像を，モデルとして提示する道が開けるかもしれない。

# 第 3 章
# 解釈主義と ESR モデル
## －Weick 理論の歴史的理解－

　第 2 章では ESR モデルの内容と限界を詳細に検討した上で,その発展的精緻化の方向性を探った。本章では,代表的な解釈主義的諸研究と K.E.Weick (1979) が提示した ESR モデルを関連づけながら論じることによって,ESR モデルが解釈主義的諸研究の歴史的遺産の上に構築されたことを明らかにしつつ,ESR モデルの歴史的意義の再検討を試みたい。組織論の世界において,ESR モデルは歴史的には行為,意思決定に続く認識パラダイムの理論として高く評価されてきた[34]。しかし,そうした見方は,ESR モデルの一面を捉えているに過ぎない。過去の解釈主義的諸研究の流れの中で ESR モデルを捉えることで,このモデルが示唆している深く豊かな"意味世界"をさらに味わうことが可能になる筈である。

### 機能主義から解釈主義へ

　Burell & Morgan (1979) は,「あらゆる組織の原理は何らかの科学哲学ならびに社会の理論を基礎にしている」(Burell & Morgan,

---

[34] 例えば,高橋 & 山口他 (1998),遠田 (2001),稲垣 (2002),髙橋 (2005) などを参照されたい。

1979：訳，1頁）[35]と述べ，社会科学全体をレギュレーションとラディカル・チェンジの次元及び，主観的と客観的の次元から4つのパラダイムに分けて捉えた。

レギュレーションとは，「本質的に人間事象における規制の必要性に関心を持つ」（Burell & Morgan, 1979：訳, 22頁）立場で，「これが提起する基本的な問いの中心は，なぜ社会が一つの実在として維持されるのかを理解しようとするところにある」（Burell & Morgan, 1979：訳, 22頁）。この立場は，「ホッブス主義者の『万人の万人に対する闘い』という光景が現実のものになることをおしとどめているような社会的諸力を理解することに関心があるのである」（Burell & Morgan, 1979：訳, 22頁）。レギュレーションの立場からは，現状，社会秩序，一致，連帯などに主な関心が払われる。

ラディカル・チェンジはレギュレーションとは反対の立場で，「本質的に，人間の発展の可能性を制限し阻害するような諸構造から人間を解放することに関心を持つ」（Burell & Morgan, 1979：訳, 22頁）立場である。「これが提起する基本的な問いの中心は，物質ならびに精神における人間性の剥奪である」（Burell & Morgan, 1979：訳, 22頁）。ラディカル・チェンジの立場からは，矛盾，解放，剥奪などに主な関心が払われる。

Burell & Morganは，主観的かつレギュレーションの立場を解釈主義，客観的かつレギュレーションの立場を機能主義と呼んだ。彼らは，存在論，認識論，人間性，方法論の観点から主観主義と客観主義を峻別する。主観主義はそれぞれ唯名論，反実証主義，主意主義，個

---

35 同書の前半のみについては，参考文献で提示している鎌田伸一氏・金井一頼氏・野中郁次郎氏による共訳が存在する。本書では，翻訳の存在する前半箇所については翻訳版を参照しているが，存在していない後半箇所は本書独自の訳を付した。訳書からの引用については引用箇所に必ず（訳）の文字を挿入し，そうでない場合と区別できるようにした。

性記述的立場によって代表され，客観主義は実在論，実証主義，決定論，法則定立的立場によって代表される。客観主義者が社会的世界をわれわれの認識から独立した確固とした客観的実在物であるとみなすのに対し，主観主義者はそれを「唯名」すなわち何らかの表象によって構築された，われわれの認識に依拠した存在とみなす。客観主義者の研究スタンスが，客観的実在物である社会的世界における規則性や因果関係を突き止める方向（法則定立）に向けられるのに対して，主観主義者のスタンスは，われわれが付与している意味に注目し，社会的世界が個人的意味形成の枠組みの中で構築され，それが個人の枠を越えて共有される過程を個性記述的に描き出す方向に向けられている。もちろん，両者はいずれも極端な立場であって，例えば環境決定論と主意主義[36]の中間的立場での研究もあり得る。

　機能主義者は，「対象の物事に対して客観主義者の視点からアプローチ」（Burell ＆ Morgan, 1979：訳, 32 頁）しようとする。彼らは，「現実主義者，実証主義者，決定論者，かつ法則定立的な傾向をもった視点からアプローチ」（Burell ＆ Morgan, 1979：訳, 32 頁）しようと試み，「それは志向性においてきわめて実用的な展望であり，社会を理解することによって，利用しうるような知識を得ることに関心がある。それはしばしば問題志向的なアプローチであり，実際的な諸問題に対して実際的な解決策を用意することに関心がある」（Burell ＆ Morgan, 1979：訳, 32 頁）。

　一方，解釈主義者は，「世界をあるがままに理解し，社会的世界の

---

36　「人間は完全に自律的であり，自由意志を備えているとするのが主意主義である」（髙橋, 1998, 16 頁）。対して「人間の活動はそれが存在している状況や『環境』によって完全に決定されると考えるのが決定論者である」（髙橋, 1998, 16 頁）。社会科学の諸理論は，明示的であるにせよ暗示的であるにせよ「どちらかの立場に立つか，もしくは状況要因と自主的要因双方の影響を認める中間的立場に立つことになる」（髙橋, 1998, 16 頁）。

基本的性質を主観的経験のレベルで理解しようとする関心によって知られている。それは，行為に対する観察者ではなく参加者の準拠枠の範囲内で，個人的意識や主観性の領域における説明を探求しようとする」(Burell & Morgan, 1979 : 訳, 35 頁)。

上のように分類した上で，Burell & Morgan (1979) は組織理論の全体的潮流を機能主義から解釈主義への流れとして捉えている。第1章で紹介した高橋 & 山口他 (1998) による組織観の歴史的発展モデルを Burell & Morgan の4つのパラダイム図にプロットしてみると，高橋 & 山口 (1998) のモデルも機能主義から解釈主義への流れと対応していることが分かる (図表 3-1 参照)。

実証主義に主眼をおき多変量解析などを通して組織の分析を試みたコンティンジェンシー理論，またその理論的裏付けを形成した情報処理モデルから，主観性を重視し，個々の意味形成を重視する認識論的組織観への変遷も，機能主義から解釈主義への流れとして捉え直すことができよう。

高橋 & 山口他 (1998) は，Burell & Morgan の考えを受けて機能主義パラダイムの組織論を以下のように述べている。

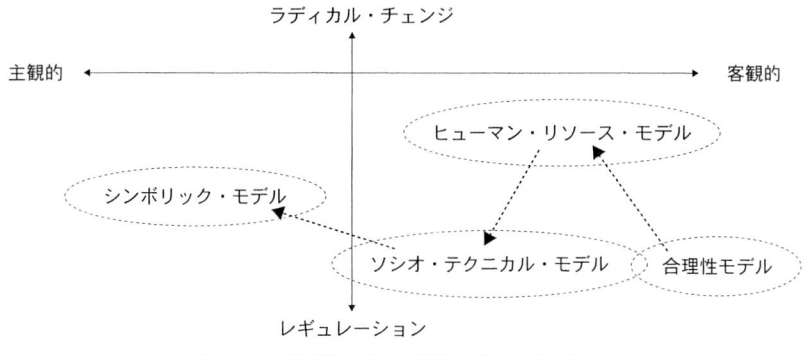

図表 3-1. 組織観の歴史的発展モデルのパラダイム

組織論では常に機能性が，そして合理性が追求されてきた。この組織の機能的合理性の追求から，科学的管理法以来，「経験主義的」「論理実証主義的」な方法を取り入れることによって，組織現象を説明することのできる規則性の探求が，組織論においては専ら研究の主題であった……認識論的にいえば，「実証主義者」は構成要素間の規則性や因果関係を探求することによって，社会的世界に生起することを説明したり，予測したりしようとする特性をもっている。つまり，この考え方は本質的に「自然科学を支配している伝統的アプローチ」(Burell & Morgan, 1979：5, 訳 8) に基礎をもっているのである。　　　　　　　　　　　　　　　　(TY, 21 頁)

そして，機能主義の限界について Silverman (1970) を引用しつつ以下のように指摘する。

　機能主義的組織論に対する疑問は，行為の準拠枠の理論にみることができる。
　Silverman (1970, pp.126-127) は，以下のことを指摘している。

1，社会科学と自然科学とでは対象に関する全く異なった秩序をもっている。厳密性と懐疑的態度の原則は双方にあてはまるのであるが，これらの展望が同じであることは期待すべきではない。
2，社会学は，行動を観察するよりはむしろ行為を理解することに関心をもっている。行為は，社会的現実を定義づける意味から生ずる。
3，意味は，社会にとって人々に与えられる。共有された志向性

は，制度化されるようになり，社会的事実として後の世代の人たちによって経験される。
4，社会が人間を規定すると同時に，人間もまた社会を定義する。意味についての特定の配慮は，日常の行為における継続的な再確認によってのみ維持される。
5，相互作用を通じて人間も社会的意味を修正し，変化させ，変換される。
6，こういうわけで人間の行為の説明を行うためには，関係者たちが自分たちの行為に寄与する意味を考慮に入れなければならないことになる。どのような方法で日常世界が社会的に構成されかつ，現実やルーティンとして知覚されるのかということが社会学的分析の重大な関心事となる。
7，実証主義的説明では，行為が，外的でしかも拘束的な社会的諸活力ないし非社会的諸力によって決定されると主張するのであるが，このような説明は受け入れがたい。　　　（TY, 22頁）

## 解釈主義的意味形成のモデル

Silverman (1970) や高橋 & 山口他 (1998) が提示している「機能主義の限界」を乗り越えるべく多くの解釈主義的な研究が展開されてきた[37]。それらはさまざまな名前で呼ばれてきたが，そこに共通し

---

[37] 後藤 (1991) が指摘しているように「戦後アメリカ社会学の巨星タルコット・パーソンズを中心とする構造機能主義，または，これにロバート・マートンやポール・ラザースフェルドら機能主義の社会学者を加えた広義の機能主義社会学は，シカゴ社会学の影響が衰えたのち，1950年代以降のアメリカ社会学界を，ほとんど完全に支配した一大勢力」(後藤, 1991, 306頁) であり，「『パーソニアンでなければ社会学者ではない』などと言われた」(後藤, 1991, 306頁) りもした。現代においても機能主義的研究は社会科学の最強かつ最大の潮流であることに変わりはない。

ているのは機能主義からの脱却であり,より解釈主義的視点を包含しようとする一貫した傾向であった。

そうした立場を代表する一人で,解釈主義的研究の明星とも言えるのが,第2章でもたびたび登場した A. Schutz である。解釈主義を学問として(「理論的に」あるいは「科学的に」)成立させようとすれば,機能主義がわれわれの認識にまで遡って考察せずに直接的に理解しようとしている社会的世界を,われわれ個々人の意味形成,さらには個々人を越えて浮かび上がる集団的な意味形成というレベルで捉え直さなければならない。そのためには,他者の個人的で主観的な意味世界を理解[38]する「他者理解」への道が開かれねばならない。Schutz の「現象学的社会学」が取り組んだのはこの難題であった。

Schutz (1970) は「われわれはどのようにして主観的意味構造についての客観的な概念や客観的に検証可能な理論を構築できるのだろうか」(Schutz, 1970:訳, 297頁) と述べ,1次的な構成物,すなわち「行為に対する当の行為者の観点からの『理解』」(Schutz, 1970:訳, 296頁) と,2次的な構成物,すなわち「社会的場面において常識的思考の内に形成された構成物の2次的な構成物」(Schutz, 1970:訳, 297頁) としての他者理解を弁別し,「(1)他者は行為者と同様の自己解釈構造を持つ,(2)他者の意識の流れは行為者のそれと同時性を持つ」(坂下, 2002, 137頁) という「他我の一般定立」[39](Schutz, 1970:訳, 150頁) が成り立つときのみ,他者理解が可能になると主張している。

---

38 「理解とは『人間的な事象に対する常識的知識の経験形式』である」(Schutz, 1970:訳, 370頁)。
39 Schutz (1970) 自身の言葉によれば「これは,私のものではないこの〔他者の〕思考の流れは私自身の意識と同じ基本構造を示すということを意味している」(Schutz, 1970:訳, 152頁)。「私が彼と一緒に年を経ているのを知っているように,彼も私と一緒に年を経ていることについて純粋な経験をもっているということである」(Schutz, 1970:訳, 152頁)。

他我の一般定立が成立するなら，自己の解釈図式（経験のスキーム[40]）を参照しながら他者行為を理解[41]する（他者行為の意味を構成する）ことが叶う。すなわち，Schutz の現象学的社会学は，「観察者が2次的に構成する意味は，行為者の思念された意味の再構成であるとは言え，観察者自身の解釈図式に基づいて再構成される意味である」（坂下, 2002, 144頁）という点で，「2重の意味構成の学」（坂下, 2002, 144頁）であるともいえる[42]。

他我の一般定立が成立するとき，自己の解釈図式を他者行為に敷衍してそれを理解することが可能になる。ならば，そもそもその解釈図式がいかにして構築されるかが問題となるだろう。Shutz は次のように述べている。

あらゆる現象学的考察の基本的な出発点は，本質的に現在的な経験，すなわち直接的で生き生きした経験，つまりは自発的に流れて

---

40 Schutz（1932）は解釈図式を，経験が沈殿し意味連関を構築した存在という意味で「経験のスキーム」とも呼んでいる（Schutz, 1932）。この点についてはさらに後述するが，意味の「沈殿化」（「sedimentieren（ゼディメンティーレン）」は元来フッサールの用語法である）について詳しくは Schutz（1964）『現象学的社会学の応用』の第10章のIIIを参照されたい。
41 「理解とはあらゆるものの意味をとらえることを意味する」（Schutz, 1970：訳, 369頁）ともいえる。「あらゆる理解は意味をもつものに（auf ein Sinnhaftes）向けられており，理解されるもののみが有意味（sinnvoll）だからである……この意味では，自己の主観的経験を解釈する志向的作用はすべて理解作用（verstehende Akte）と呼ぶことができ，またそうした自己解釈の基礎にある意味把握の基層もすべて『理解』と呼ぶことができる」（Schutz, 1970：訳, 154頁）。
42 この点に関して坂下（2002）は，佐藤（1982），新＆中野（1984）などに立脚しながら，Schutz の他者理解の理論は「厳密な意味での現象学的他者分析ではなく，『自然的態度の構成現象学による他者分析』である」（坂下, 2002, 137頁）と述べている。Schutz は「厳密な意味での現象学的批判的分析を中途で放棄している。（中略）フッサールの意味における超越論的自我ではない。厳密に言えば，ウェーバー社会学に関する『現象学的』基礎づけ作業は，未完」（坂下, 2002, 137頁）であるとも指摘している。Schutz（1970）自身はこの点について，「これ（筆者注：他我の一般定立）は，フッサールが『超越論的現象学』に対して『現象学的心理学』と呼んだものの一部である」（Schutz, 1970：訳, 153頁）と主張している。本書は，Schutz の現象学的社会学自体を検討することを目的としていないため，この問題についてはこれ以上立ち入らない。

いる主観的な経験の流れである。各人はこの流れのなかで生きており，この流れは，意識の流れとして，過去の他の経験と自発的に結びつき，それらの記憶の痕跡などをともなっている。経験は反省作用によってはじめて主観的に有意味な経験となる。本質的に現在的な経験は，この反省作用による回顧によって意識的に把握され，認識的に構成されるのである。人間は生活の過程において経験の蓄積を作り上げる。人間はこの経験の蓄積によって，自己をとりまく状況を定義し，そのなかで行動することができる。

(Schutz, 1970：訳, 362-363 頁)

　私が内省という行為によって私の現在の経験に注意を向けるとき，私はすでに純粋持続の流れのなかにはいない。私はもはやその流れのなかで生を送っているのではない。諸経験が感知され，識別され，浮き彫りにされ，お互いが分かたれる。そして，持続の流れのなかの諸相として構成されていた諸経験は，構成された諸経験としての注意対象となる……意味の研究にとって最も重要である注意という行いは，過ぎ去った経験，要するにすでに過去の経験を前提としているのである。　　　　　　　　　　　(Shutz, 1967, p.51)

すなわち，Schutz は内省的配意[43]をもって回顧的に過去を振り返って，その意味を再構成し（回顧的意味形成），本来離散的断片であるはずの個々の経験を総合的に意味を連関させて解釈図式（経験のスキーム；意味連関）を構築することによって，逆にそれら個々の意味が浮かび上がってくると主張しているのである。Schutz の言に従えば，未来を意味づけることができないと思われるが，Schutz はこれ

---

43　あるいは反省的配意。

に対して，過去を意味づける場合は「理由動機（because motive）」(Schutz, 1970：訳, 97頁) 的[44]に意味づけられ，未来は未来完了時制的に未来のある時点で振り返ったとして思い浮かべられるときに「目的動機（in order to motive）」的[45]に意味づけられると答える。

　Schutzが言うように理由動機的に離散的断片が意味づけられるのであり，離散的断片をどのように意味づけたかによって意味連関が変容し，さらには新たな経験（離散的断片）が蓄積され，それが意味連関を変容させるのであれば，個々の行為の意味はそれを解釈する時点によって異なることもありえる。

　Schutzが展開した意味連関に関する議論を図示すれば以下のようになるだろう。

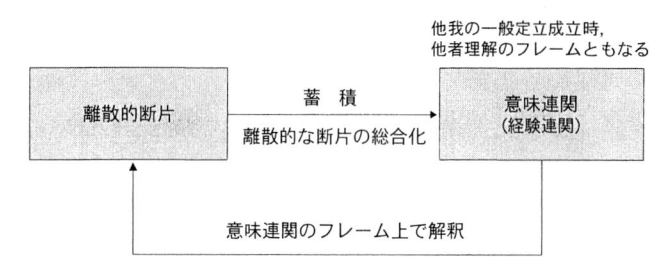

図表3-2．Schutzの現象学的社会学における意味形成モデル

　Schutzの業績で忘れてはならないものに，相互作用（あるいはコミュニケーション）に関する研究がある。Schutz（1970）は「他者が私と空間および時間を共有しているとき，私はこの他者を直接経験

---

[44] 分かりやすく言えば，「なぜそんなことをしたんだ」と言われてもっともらしい理由を述べた経験は誰しもあるだろう。理由動機的意味とは「個人的状況に沈殿している彼の生活史による（それに「原因をもつ」）のである」(Schutz, 1970：訳, 97頁)。
[45] 「未来完了時制で予期される」「想像による投企」(Schutz, 1970：訳, 98頁）に基づく。「投企とはすべて，想像による未来の行動の予期」(Schutz, 1970：訳, 116頁）であるが，単なる想像ではない。この点については後述する。

することができる」(Schutz, 1970：訳, 175頁) と述べ，そうした状況を「社会的直接世界」(Schutz, 1932：訳, 224頁) と呼んでいる。

　「他者が私と空間を共有している」とは，他者が身体的に現前しており，私がそれに気づいているということ，さらに，私が彼をほかならぬ彼として，つまり特定の個人としてとらえ，彼の身体を彼の内的意識の表示があらわれる表現野とみなしていることを意味している[46]。また，「他者が私と時間を共有している」とは，他者の経験と私の経験が並行して扱われており，私は生起しつつある彼の思考に目をやり，いつでもそれをとらえることができるということ，いいかえるなら，われわれが一緒に年を経ているということを意味している。(中略) こうした空間的および時間的直接性は対面状況の本質をなすものであり，あらゆる他者志向や他者作用，したがって対面状況においてみられるあらゆる志向や関係は，こうした直接性から特殊な色合いと様式をこうむる。　　　(Schutz, 1970：訳, 175-176頁)

「内的意識の表示があらわれる表現野」(Schutz, 1970：訳, 175-176頁)，すなわち「豊かな諸兆候の表現の場」(Schutz, 1932：訳, 224頁) における表示あるいは諸兆候には，発話のみならず，「うなづき，指示，てまねき」などの「目的的動作」，「動作がもつ高低，広狭，遅速」などの「表現的動作」，「動物ダンスや豊穣ダンス」などの「模倣的動作」といった，声色や身振りや手振りなどのジェスチャーなども含まれている。と言うよりもむしろ，Schutz が強調したかったのは，他者理解における非言語的コミュニケーションの重要性であるといってよ

---

46　Schutz (1932) では「汝の体をこの汝の豊かな諸兆候の表現の場として体験しているということを意味する」(Schutz, 1932：訳, 224頁) とされている。

い。Schutz は，空間を共有していない社会的「同時世界」（Schutz, 1932：訳, 252頁）では，「他我一般に関する経験に基づく間接的な推論」（Schutz, 1932：訳, 252頁）をするほかはなく，直接世界と比べてその理解にははるかに困難が伴うと主張している。つまりは言語によって間接的に"知った"ことと，直接的に（空間的に）他者と触れ合って"知った"ことではその理解に大きな差があると主張しているのである。こうした Schutz の主張は，第2章で紹介したメディアリッチネス論へと大きく発展していくことになる。

Schutz の現象学的社会学は，さまざまな点で後の解釈主義的研究の基盤を成すものであった。Schutz の流れを継承して，解釈主義的研究をさらに発展させたのが H. Garfinkel, H. Sacks, M. Pollner らを始めとするエスノメソドロジストによるエスノメソドロジー[47]（ethnomethodology）である。エスノメソドロジーという語は Garfinkel の造語である。Garfinkel（1968）は，エスノメソドロジーへの旅立ちを以下のように述べている。

　ちょうど2つの論文を書いている最中に，陪審員たちの審議過程を分析してみたら，という考えがうかんだ。ぼくは，陪審員たちがある一定の知識を用いているという事実に興味をもったんだ。その知識とは，社会のさまざまに組織された出来事がどううごいていくのかに関するもので，彼らはその知識を簡単に引き寄せ，しかも互いに対して要求しあう……同時にこういったすべての知識を用いて，陪審員たちは審議を遂行しており，しかもそのような知識は関

---

47　エスノメソドロジーで語られている言葉は「なんと奇妙な用語なのか。なんとわかりにくい言い回しをするのか」（好井, 1987）というのが実感である。本書では，エスノメソドロジーについて簡明に整理している坂下（2002）に従ってエスノメソドロジストの考えを概観することにしたい。

係者全員によって，その審議の場面をつくる要素の一つとして扱われている……このようにして具体的材料を書き終えたとき，「エスノメソドロジー」という名称のもとになる概念を思いついた。

(Garfinkel, 1968：訳, 12-14頁)

「『エスノ』という言葉は，ある社会のメンバーが，彼の属する社会の常識的知識を，『あらゆること』についての常識的知識として，なんらかの仕方で利用することができるということを指す」(Garfinkel, 1968：訳, 14頁)。メソドロジーは方法論あるいは方法の研究である。Garfinkel (1968) は先の陪審員達を観察した結果，「彼らは自分と同じ状況におかれた人たちなら，互いに何を知っているか，何を処理すべきかなどに関して，当然相手が知っているものとみなしている。問題なのは，そうした知識が利用できるということなんだ」(Garfinkel, 1968：訳, 15頁) と語り，"人びとが個人的に意味づけ構成した社会的場面に従って，他者と適切に相互作用し，社会的場面を維持している方法の研究"[48] という意味でエスノメソドロジーという語を用いている。坂下 (2002) はエスノメソドロジーについて「シュッツの『行為者による他者理解の理論』を，『人々による社会的場面の理解の理論』として展開し直したもの」(坂下, 2002, 149頁) であると述べている[49]。

ありのままの日常的現実を受け止めようとするエスノメソドロジストの研究方法はまさに解釈主義的―個性記述的―であった (例えば，上の陪審員に関する Garfinkel (1968)，会話分析に先鞭をつけた Sacks (1979)，精神病者を分析した M. Pollner (1975) や D. Smith

---

[48] あるいは「社会メンバーがもつ，日常的な出来事やメンバー自身の組織的な企図をめぐる知識の体系的研究」(前田・水川・岡田, 2007, 4頁)。
[49] 坂下 (2002) は，エスノメソドロジーも「シュッツの他者理解の理論と同様に厳密な意味での現象学的研究ではない」(坂下, 2002, 149頁) と述べている。

(1978) など)。エスノメソドロジストは,「一連の身近な知識」(坂下, 2002, 148 頁),「日常的思考法」(坂下, 2002, 148 頁),「日常的リアリティ感 (＝社会的構造感)」(坂下, 2002, 148 頁) などに基づく,共有された「日常知」によって,人びとの社会的相互作用が可能になると考えた。人びとは,互いにかなりの程度共通した「類型性,予測性,対照性,因果連関性,『目的－手段』連関性,自然的必然性」[50] (坂下, 2002, 151-152 頁) という特性をもった社会的構造感を共有している。と同時に,「原型遡及的な解釈方法」(坂下, 2002, 155 頁) や「コンテクスト依存的な解釈方法」[51] (坂下, 2002, 155 頁) に従う日常的思考法 (あるいは「日常知の方法」) によって経験された断片 (あるいは「身近な知識の諸断片」(坂下, 2002, 154 頁)) が整理統合され,解釈され,そうした流れが蓄積して社会的構造感が構築される。社会的構造感は逆に,経験された断片の取り込みや解釈に際して都度参照される。すなわち,現象学的社会学で「意味連関」と呼ばれていたスキームが,エスノメソドロジーでは「日常知の方法」(あるいは「日常的思考法」) および「社会的構造感」に分けて捉えられていることになる。

---

[50] 類型化され,主観的に共通した予測性に基づき,それまでの出来事と対照でき,因果関係が存在し (「目的－手段」連関性も同様),さらにはそうしたことが疑いようのないほど自明のことである (自然的必然性) と思われている "社会的構造感" を共有している。

[51] 「日常活動のなかで,状況 (文脈) から超越した "客観的" な記述や表現はありえない」(好井, 1998)。ならば,常に対象の意味は移ろい,われわれが肌で感じている "安定した現実" が妄想に成り果ててしまう。Garfinkel & Sacks (1969) は「どこで,誰が社会学的な推論を実践しようとも,そうした推論は,実際の談話の文脈依存的な諸特性を修復しようと努める。つまり,それは,日常的諸活動が合理的に (理屈にかなうように) 説明できることを例証しよう,という関心のもとで,そうするのである。そして,日常的諸活動が可能になる方法を観察したり,そうした活動の状況ごとに規定されたり社会的に組織された特有なことやもの―もちろん,そのなかには自然言語自体がもつ諸特性も含まれるが―を報告することをとおして,推論の評価が保証されるためにも,そうした修復を行うのである」(Garfinkel & Sacks, 1969 : 訳, 303-304 頁) と述べ,そうした修復によって "安定した現実" が可能になると考えている。ここで,修復とは日常的諸活動 (上の例では "会話") における「トラブル」(前田・水川・岡田, 2007, 140 頁) を『修復 (repair)』するための特別な実践」(前田・水川・岡田, 2007, 140 頁) 的行為の連鎖をいう。

これまでの議論に基づいてエスノメソドロジーが提示したモデルを図示すれば以下のようになるだろう。

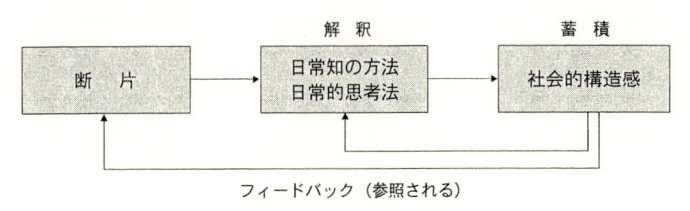

```
                    解 釈              蓄 積
    ┌─────┐    ┌─────────┐    ┌─────────┐
    │ 断 片 │ →  │日常知の方法│ →  │社会的構造感│
    │      │    │日常的思考法│    │          │
    └─────┘    └─────────┘    └─────────┘
       ↑            │              │
       │            └──────────────┘
       └──────────────────────────┘
              フィードバック（参照される）
```

**図表 3-3．エスノメソドロジーの意味形成モデル**

現象学的社会学とエスノメソドロジーが一つの歴史的潮流として捉えられるのに対して，H. Blumer によるシンボリック相互作用論は，「ジョージ・ハーバード・ミード，ジョン・デューイ，W・I・トーマス，ロバート・E・パーク」(Blumer, 1969：訳, iii 頁) などの流れを汲むもう一つの独立した機能主義に対抗する流れ[52] と見ることができる。だが，この2つの流れには驚くべきほど共通点が多い[53]。

Blumer (1969) は次のように述べている。

　　シンボリック相互作用論は，つまるところ，3つの明快な前提に立脚したものである。第一の前提は，人間は，ものごとが自分に対して持つ意味にのっとって，そのものごとに対して行為するというものである。ここでものごとは，人間が，自分の世界の中で気にと

---

[52] もちろん，現象学的社会学やエスノメソドロジーが，G. H. Mead や J. Dewey など，いわゆるシカゴ学派の研究を無視していたなどとは言っていない。それらは互いに強く影響し合いながら発展してきた。

[53] 逆に両者の最大の違いはシンボリック相互作用論が，定性的調査方法（質的社会調査法。例えば，インタビュー法や生活史観察法），「感受」(Blumer, 1969：訳, 53, 192, 194, 214, 215, 243, 254 頁) 概念など具体的な研究の方法論の確立に努めている点であろう。「感受概念とはブルーマー自身の用語であって，実証主義者や機能主義者が用いる『操作概念』に対する対概念である」(坂下, 2002, 166 頁)。

めるあらゆるものを含む。つまり，木や椅子といった物理的な対象，母親とか店員とかいった他者，友人とか敵といった他者のカテゴリー，学校や政府などの制度，個人の独立とか誠実さといった指導的理念，指令や要求などの他者の活動，日常生活の出来事などの状況，などを含んだものである。第二の前提は，このようなものごとの意味は，個人がその仲間と一緒に参加する社会的相互作用から導き出され，発生するということである。第三の前提は，このような意味は，個人が，自分の出会ったものごとに対処するなかで，その個人が用いる解釈の過程によってあつかわれたり，修正されたりするということである。　　　　　　　（Blumer, 1969：訳, 2頁）

Blumer（1969）は「現代の社会科学や心理学の思考と実践のほぼすべてが，この明快な視点（注：「意味にのっとって，そのものごとに対して行為するということ」（Blumer, 1969：訳, 3頁））を，無視するか過小評価している」（Blumer, 1969：訳, 3頁）と述べ，「意味は所与のものとされ，このため，重要でないとして傍らにおしのけられている」（Blumer, 1969：訳, 3頁）と嘆く。"意味"について，Blumer（1969）は自らの存在論的立場を明確に宣言している。

　意味の起源にはふたつの伝統的な説明がある。そのひとつは，意味を，その意味を持つものごとに内在的なもので，そのものごとの客観的な構成の自然的な部分をなしているものとみなす……ここで必要とされることはといえば，ものごとの中にある意味を認識することだけである。この見解が「実在論」の立場を反映したものであることは，ただちに明らかだろう。―それは社会科学および心理学に広く採用され，そこに深く根ざした立場である。もう一つの伝統

的な見解では,意味は,ある個人にとってものごとがその意味を持つような特定の個人によって,そのものごとに心理的に付加されたものとみなされる。この心理的な付加物は,その個人の心,精神,または心理的な構成の構成要素が表現されたものであるとされる……このような見解は,ある対象の知覚に入ってくる感覚を特定化しようとした,やや古臭い古典的な心理学研究にみられるものである。シンボリック相互作用論では,意味は,以上考察したふたつの支配的な見解とは違った源泉を持つものとみる……この立場では,意味は人々の相互作用の過程で生じたものと考える。ある個人にとって,ものごとの意味とは,そのものごとに関して,他者がその個人に対して行為する,その行為の様式の中から生じてくるものである。他者の行為が,その個人にとってのものごとを定義するように作用するのである。　　　　　　　　　(Blumer, 1969：訳, 4-5 頁)

上の Blumer (1969) の見解から分かるように,シンボリック相互作用論は実在論的立場—客観主義,機能主義[54]—を否定し,現象学的社会学やエスノメソドロジーが標榜してきた,ものごとの"機能"ではなく"意味"に重点を置く解釈主義と規を一にしている。ここで Blumer (1969) のいう「定義」とは,他者との社会的「相互作用の過程で生じた」,一連の「行為の様式」に基づく,「個人が用いる解釈の過程によってあつかわれたり,修正されたりする」「定義」である。すなわち,Blumer (1969) が提示する「状況」の「定義」[55] とは,現象

---

54　Blumer (1969) は「機能主義やプラグマティズムの心理学を知っている者にはおなじみ」(Blumer, 1969：訳, 203 頁) の"認識"および"認識過程"に関する認識(「知覚に基づき認識が形成される」,あるいは「認識は知覚の単なる埋め合わせである」)を強固に否定している。
55　「行為者はものごと (=対象) の意味を,状況の定義を参照しながら解釈する。その意味では,状況の定義は解釈図式であるとも言える」(坂下, 2002, 159 頁)。

学的社会学における「意味連関」，エスノメソドロジーにおける「日常知の方法」および「社会的構造感」と同義であると考えてよい[56]。

ただし，Blumer (1969) による「ここでものごとは，人間が，自分の世界の中で気にとめるあらゆるものを含む」(Blumer, 1969：訳，2頁，強調ルビは引用者) という記述は重要である。Blumer (1969) がいう「解釈の過程には，ふたつの明確な段階がある」(Blumer, 1969：訳，6頁)。すなわち，「意味が使用されたり改変されたりする」(Blumer, 1969：訳，6頁) 前に，「行為者は，それに対して自分が行為しているものごとを，自分に対して指示 indicate」(Blumer, 1969：訳，6頁) しなければならない[57]。Blumer (1969) は，意味解釈に先立って行われる「対象の囲い込み」の重要性を明言しているのである。シンボリック相互作用論において強調されていた「指示」すなわち「囲い込み」という概念を取り込んだ意味形成モデルは図表のようになろう。

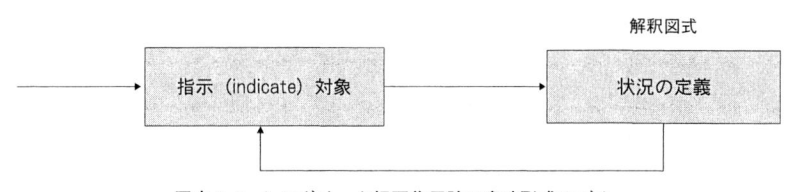

図表 3-4. シンボリック相互作用論の意味形成モデル

---

56 「相互作用しあっている人間は，相手が何をしているのか，またしようとしているのかということを考慮している」(Blumer, 1969：訳, 9頁)，「『身振りの会話 (conversation of gestures)』および『有意味シンボルの使用 (use of significant symbols)』」(Blumer, 1969：訳, 10頁) などの「シンボリック相互作用とは，その行為の解釈を含んだものである」(Blumer, 1969：訳, 10頁)，など両者の共通点には枚挙の暇がない。
57 坂下 (2002) の言葉を借りれば「ものごとは行為者がそれを自己に提示することで，はじめて対象として意識され，意味の解釈過程に入っていくのである」(坂下, 2002, 164頁)。

## 再び ESR モデルを考える

第2章で紹介したように，ESR モデルは図表 2-1 のように提示される。

```
生態学的変化        イナクトメント        淘 汰           保 持
            +                    +              +
   E C  ⇄  Enactment  ――→  Selection  ――→  Retention
        +
                          (+, −)      (+, −)
```

図表 2-1. ESR モデル（再掲）

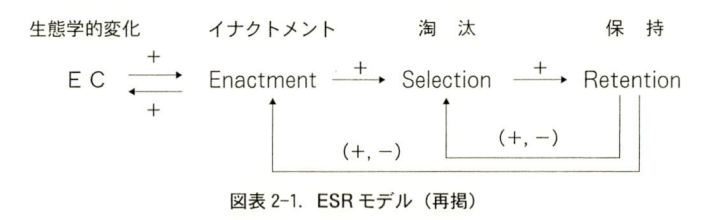

図表 2-1 のように ESR モデルは，生態学的変化，イナクトメント，淘汰，保持の4つのプロセスから構成されている。

最初に淘汰プロセスについて眺めていこう。第2章で述べたように，淘汰プロセスは，過去の経験から形成された保持内容に基づく解釈プロセスである。ここで何が淘汰されるかと言えば「個人や行動の淘汰というよりも，解釈のスキーマ（枠組）や特定の解釈」(We79, 171頁) が淘汰されるのである。

このプロセスは現象学的社会学では「意味連関」に含まれていたが，エスノメソドロジスト達によって「日常知の方法」あるいは「日常的思考法」という名前で独立的なプロセスとして取り上げられるに至った。いずれにせよ，保持からのフィードバック・ループがこのプロセスに影響を及ぼすという点は，4つの意味形成モデルすべてに共通している。

続いて，保持について眺めていこう。第2章で述べたように，保持内容には「イナクトされた環境」と「因果マップ」という2つの側面がある。因果マップとは「経験の流れのなかに繰り返し身を置いた人

が推定する変数とそのつながりをまとめたもの」(We79, 182頁)であるが，それは倉庫のようなものではない。実際の倉庫はただ蓄積するだけであり，内容物は保管されたときと同じ姿で取り出されることが期待されている。「因果マップはそうではない」(We79, 275頁) と述べた後に，Weick (1979) は Miller & Buckhot (1973) から次の箇所を引用している。

　通常，われわれは自分の経験をそのまま蓄えているわけではなく，それをしまい込む前に何か働きかけているのである。過去を生々しい詳細な写真のように再生するのは，最も効果的な想起方法ではない。想起は写真というよりも三段論法に近い：われわれは瞬間的なパノラマとして過去を再生するのは稀であって，通常はいくつかの段階を経て過去にいたるのである。その際，大人は通常言葉というシンボルを用いて記憶を組織し，自分が本当に望むものを取り出せるようにしておく。われわれは常に経験をシンボルに翻訳し，それを記憶に蓄え，そして経験そのものの代わりにシンボルを検索している。思い出すときがきたら，われわれは，呼び出されたシンボルから経験を再構成するのである。　　　(Miller & Buckhot, 1973, pp.207-208)

「因果マップとは発見されるものというよりも発明されるもの」(We79, 192頁) であり，「それまでの多義的なディスプレーのラベルが貼られた部分間の共変動を要約している。このマップは Schutz のレシピに似ている。というのは，このマップによって，人はある状況の中で何が進行しているのかが解釈でき，そしてその人が同じ状況の中で自らを表出でき他の人に理解してもらえるからである」(We79, 172頁)。

　上で述べたようにエスノメソドロジスト達も「類型性，予測性，対照

性，因果連関性，『目的－手段』連関性」に基づく「社会的構造感」について触れているが，エスノメソドロジストが提示する社会的構造感と，Weick（1979）が提示する因果マップはほぼ同義であると考えられる。

ただし，Weick（1979）のいう「保持」はSchutzのいう意味連関やエスノメソドロジストが展開した社会的構造感などの概念と似ているが，そのもう一つの「イナクトされた環境」という側面から眺めれば，それは単なる「意味連関」ではない。第2章で紹介したように，Weick（1979）は「有意味な環境は組織化のアウトプットであってインプットではないことを強調するとき，イナクトされた環境なる用語を」（We79, 171頁）意図的に用いている。この点は重要である。

また，イナクトメントとはBlumer（1969）がいう単なる「指示」ではない。Blumer（1969）の「指示」はイナクトメントの一側面「囲い込み」を表している。「囲い込み」プロセスに，ESRモデルでは保持からのフィードバック・ループが形成されているように，シンボリック相互作用論でも「状況の定義」から「指示」へのフィードバック・ループが提示されていたことはすでに見てきた通りである。Blumer（1969）はこの点を重視して「認識とは，知覚の単なる埋め合わせではない。それは知覚を形成するものなのである」（Blumer, 1969：訳, 203頁）[58]と語り，上で見てきたように「機能主義やプラグマティズムの心理学を知っている者にはおなじみ」（Blumer, 1969：訳, 203頁）の見方を否定し，認識が「新たなオリエンテーションと新たなアプローチとを可能とし，また知覚を変化させ，そして導くの

---

58 Weick（1979）は次のように述べている。「人はよく言う。『見ることは信じることだ』と。この知恵はおそらく逆にするべきで，そうすれば人が実際に行っているものにより近づくだろう。それは『信ずることは見ることだ』というものである」（We79, 175頁）。Weickのこうした言説に触れれば，Blumer（1969）が考えた認識から知覚へのフィードバック（ESRモデルの言葉で言えば「保持」から「囲い込み」としてのイナクトメントへのフィードバック）がWeickの考えと通底していることは明らかであろう。

である」(Blumer, 1969：訳, 203 頁) と論じている。「囲い込み」プロセスにおける「気づき」というプロセスの強調はシンボリック相互作用論の大きな成果であったといってよい。

　イナクトメントは単なる「囲い込み」ではなく，環境創造という側面を持つ。これは，Schutz のいう「表示」や「投企」概念とも明らかに異なる[59]。現象学的社会学やエスノメソドロジーは社会的行為の連鎖を裏打ちする「表示」について語っているが，その「表示」が「自らをやがて拘束する」環境を創造するという側面について十分に論じているとは言い難い。それらはあくまでも自己の意味世界の「表示」行為であって，それが積極的に環境を創造しているという側面を捉えているとは言い難いのである。シンボリック相互作用論やその延長線上に構築された Goffmann (1959) による「演技 (perfomance)」，「印象操作 (impression management)」[60] という他者に影響を及ぼすプロセスについても同様である。

---

[59] Schutz (1970) は「投企とはすべて，想像による未来の行動の予期」(Schutz, 1970：訳, 116 頁) であるが「単なる想像以上のもの」(Schutz, 1970：訳, 116 頁) であると述べている。Schutz (1970) のいう投企とは，確かに「予期される実行の意図に動機づけられた想像」(Schutz, 1970：訳, 116 頁) であるが，それはあくまでも「生活世界の現実の強いられた外枠のなかで投企された行為をわれわれが実際に実行できるということが，投企の本質的特徴」(Schutz, 1970：訳, 116 頁) という意味においてであって，われわれが直面している現実そのものが自らによって創造されている，すなわち「組織を悩ますものの多くは，組織自らが創り出したもの」(We79, 8 頁) という意味で用いられているわけではない。

[60] Goffmann (1959) は「採用された視角は，劇場の演技という視角である。導出された諸原理は演出上の諸原理である。私は通常の作業状況内にある人が自己自身と他者に対する自己の挙動をどのように呈示するか，つまり他者が自己について抱く印象を自己がどのように方向づけ，統制するか，また自己が他者の前で自分の演技を続けている間に，しても良いことは何か，して悪いことは何か，を考察しようと思う」(Goffmann, 1959：訳, iii 頁) と述べている。坂下 (2002) が述べているように「ゴフマンのドラマトゥルギー論はシンボリック相互作用論の理論上の新地平を切り開こうとする画期的な意図を持っていた」(坂下, 2002, 173 頁) 点を高く評価できるが，そこで扱われている行為はあくまで単なる「呈示」レベルの行為であって，Weick (1979) が提示した環境創造という概念を含む行為（イナクトメント）についてはまったく触れられていなかったと言っても間違いではないだろう。

102　第3章　解釈主義とESRモデル－Weick理論の歴史的理解－

| 現象学的社会学の意味形成モデル | 離散的断片 | 意　味　連　関 | |
|---|---|---|---|
| エスノメソドロジーの意味形成モデル | 断　片 | 日常知の方法 日常的思考法 | 社会的構造感 |
| シンボリック相互作用論の意味形成モデル | 対象（シンボル）指示 | 状況の定義 | |
| ESRモデル | 環境創造　気づき イナクトメント | 淘　汰 | 保　持 |

解釈と蓄積

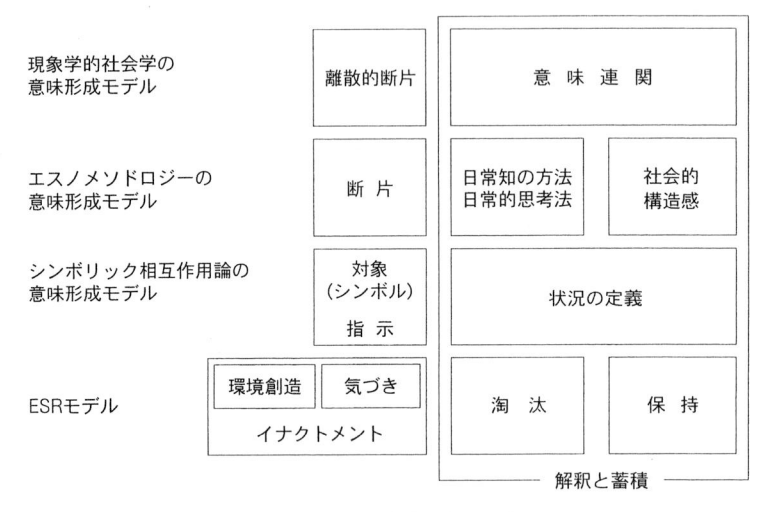

図表 3-5.　4つの意味形成のモデル

　これまでの議論を整理すると，図表 3-5 のようになる。現象学的社会学では他我の一般定立および意味連関が提示され，他者理解への道が示された。エスノメソドロジーでは，意味連関が，解釈と蓄積に分解され日常知の方法および社会的構造感とされた。シンボリック相互作用論では気づきのステップが明示された。そして ESR モデルによって，認識の環境創造性が明示されることになった。このように捉えると，ESR モデルが解釈主義的諸研究の歴史的遺産を取り込みながら，環境創造という独自性を組み入れることで生み出されたモデルであることが理解できる[61]。

---

61　「表示」や「投企」,「呈示」という概念を越えた「イナクトメント」という概念を用いたことによって，従前の組織論とは一線を画する議論を展開する道が開けた（例えば，遠田（2001, 2005），高橋（2007a, b）など）。組織論の世界でイナクトメントという概念がいかなる役割を果たしてきたかについて詳しくは，遠田（2001, 2005），稲垣（2002），高橋（2007a, b）などを参照されたい。

## 機能と解釈の相克を越えて

　本章では，ESR モデルを解釈主義的諸研究の歴史的潮流の中で捉え直すべく試みてきた。A. Schutz, H. Garfinkel, H. Blumer らの知見に基づいて，ESR モデルを眺め直すならば，それが描き出す豊かな意味世界がより一層の広がりと深みをもって感じ取れた筈である。本章の冒頭で述べたように，ESR モデルは歴史的には行為，意思決定に続く認識パラダイムの理論として高く評価されてきた。しかし，そうした見方は，ESR モデルの一面を捉えているに過ぎない。「意思決定から認識へのパラダイム転換」という視座からのみ ESR モデルを捉えるならば，ESR モデルへと到るもう一つの歴史的潮流—解釈主義の大河—を見落とす危険すらある。そうなれば，ESR モデルを，「組織論研究史から隔絶して浮き上がった，ちょっと風変わりな理論」として捉えるという結果に繋がりかねない。そのような結末は，ESR モデルにとっても，そのように捉えた研究者にとっても不幸である。本章で指摘した ESR モデルへと到る歴史的潮流については，Weick 自身が明言していないだけに重要である。

　これまでの議論を通して，ESR モデルが，Burell & Morgan (1979) の分類に従うならば，解釈主義に属することは明らかであろう。しかし，Burell & Morgan (1979) は，多くの主観主義者 (subjectivist) がアイディアの操作にあたって現実主義者 (realist) 的形式の存在論 (ontology) が密かに (through the back door) 忍び寄っていると強く批判している (Burell & Morgan, 1979, p.266)。Burell & Morgan (1979) は，その具体例として Weick 理論を取り上げながら，Weick

(1979) の理論展開は存在論[62]上ふらついて (ontological oscillation) おり認めがたいと述べる (Burell & Morgan, 1979, p.266)。例えば, Weick が必要多様性の法則[63]という概念装置の説明にあたって, 好んで用いる輪郭ゲージの例え[64]にしても, それは明らかに実在を認めた上での考え方であり現実主義者的である。人間の認識を扱うにあたって,「組織の生の一見堅固で具体的かつ実体的な面が実は主観的な構築物に依存している」(We95, p.46) と述べながら, 主観的構築物から独立して存在する客体を想定するのは, Burell & Morgan (1979) に言わせれば「存在論上ふらついている」(Burell & Morgan, 1979, p.266) ということになろう。これに対して, Weick (1995) は 1995 年版で以下のように答えている。

　センスメーキングを研究する人は存在論上ふらつくものなのだ。なぜなら, 格別存在論云々を考えたことのない日常生活を生きてい

---

[62] 本書では哲学的考察はしないと最初に断ってあるが, ここでは, Burell & Morgan (1979) による存在論の考え方だけを簡単に示しておきたい。彼らは, 存在論について唯名論と実在論を両極におき, それぞれを以下のように説明する (Burell & Morgan, 1979 : 6-7 頁)。唯名論とは,「個人の認識の外側にある社会的世界は, 現実を構築するのに用いる名辞, 概念, ラベルから構成される以上の何物でもないという」(Burell & Morgan, 1979 : 訳, 7 頁) 考え方であり, 一方の実在論は,「個人の認識の外側にある社会的世界は確固たるものであり, 明確かつ比較的変わらない構造から成る実在の世界である」(Burell & Morgan, 1979 : 訳, 7 頁) とする考え方であるとしている。
[63] 必要多様性の法則とは,「環境の多様性に抗してシステム自らを制御しようとすれば, システムはそれ以上の多様性を有さなければならない。一言で言えば, 多様性を制しうるのは多様性のみである」(Buckley, 1968, p.495) ことを言う。「組織が, 外の生態学的変化の多様性を精確に感知するために, 組織内に十分な多様性を保つよう心がけなければならないのは, この必要多様性の理由からである」(We79, 244 頁)。
[64] 輪郭ゲージは, 大工が複雑な形をした対象物の形状を写し取るための道具で,「長さ 6 インチで 180 本の針金でできて」(We79, 246 頁) いる。「これを堅い対象物に押しつけると, 対象物の外形がゲージに残り, この跡形は対象物の写しとなっている」(Burell & Morgan, 1979 : 訳, p.246)。Weick は, 輪郭ゲージのメタファーは,「異質な, ルースに制約された相互連結サイクルが多数過程に組み立てられた方が多義性はうまく処理される」(We79, 248 頁) という点をうまく伝えていると述べている。

る人びとの行為を，センスメーキング研究者が理解しようとするとき，そのふらつきこそが理解を促してくれるからである……もし，人びとが多様なアイデンティティを持ち，多元的なリアリティーに対処しているのであれば，彼らが存在論的に純粋主義者であると予測すべき理由などあるだろうか。彼らが純粋主義者ならば，そのセンスメーキング能力は制限されてしまう。人びとは時によって，解釈主義者，機能主義者，ラディカル人間主義者，ラディカル構造主義者のように行為するという方が自然である。　　（We95, 47頁）

本書では哲学的考察をできる限り避けたいと冒頭で述べた。実際に，こうした厳密な「存在論上のふらつき」の是非をここで議論しても不毛であろう。とはいえ，上の Weick（1995）の言明から考えられる一つの大きな方向性は，機能主義と解釈主義の二項対立を乗り越えた，新しくかつ壮大な組織理論展開に向けた流れである。本章では解釈主義的諸研究の流れの中で ESR モデルを捉え直すべく試みてきたが，N. K. Denzin が試みた機能主義と解釈主義を融合させた理論開発[65]などからも伺えるように，機能主義と解釈主義の相克を乗り越えて，組織における生をより生々しく，より奥深く説明できる理論が登場する可能性を感じ取ることができる。実際に両者がインテグレートした希有壮大な統合理論を最初に提示したのは Krogh & Roos（1995）であるが，それについては本シリーズ第3巻で詳しく紹介する予定である。

---

65 「デンジンはブルーマーの中核的な思想を取り入れながら，しかも彼の師であるクーン（M. H. Kuhn）の操作主義的，実証主義的思想を捨てることなく，両者の方法論上の統合を目指した。この統合は反実証主義・個性記述主義（ブルーマー）と実証主義・法則定立主義（クーン）の統合であったから少なからぬ問題点を孕むものではあった」（坂下, 2002, 168頁）。詳しくは，坂下（2002）あるいは，Denzin 自身による Denzin（1970）などを参照されたい。

# 第4章
# 組織認識－集主観性－の実相

　Weick 理論を理解する上で最も大きな障碍の一つは，Weick (1995) が常に集主観性の変容を最小化すべく勧めているように見えながら，同時に間主観性の活性化をも求めている点である。本章でも改めて触れるように，Weick (1979, 1995) は，「間主観性が集主観性に移るときには，理解に必ず何らかの欠落が生じる。組織形態の機能とは，この欠落をなるべく最小限に抑え，なおかつ再交渉ができるようにすること」(We95, 103頁) であると述べておきながら，同時に「現在の状況に見事に適合している組織は，その状況が変わったときは適応できない」(We79, 176頁) がゆえに，組織が適応的であるためには「間主観性に潜在する創造性」(We95, 100頁) を積極的に活用すべきであるとも主張しているのである。

　本章では，集主観性を重視しながら間主観性の活性化を促すというアンビバレントな Weick (1997, 2001) の主張[66]に対して，集主観性をコアと周縁，質的情報と量的情報の2つの軸で類型化するという試みを通して，その一見矛盾しているかのように受け止められかねない論旨の核心をより明確にすべく試みたい。そのために本章では，集主観性を，比較的長期あるいは不易であるべきフレームが蓄積されてい

---

[66] 第2章で紹介した ESR モデルの言葉で言えば，保持からのアンビバレントなフィードバック・ループ。

る領域と，一過性のそれが蓄積されている領域とに階層化し，更にメディアリッチネス論を応用し，それを質的，量的情報の軸で切り分け，最終的に4つの領域に類型化して捉えるべく試みる。この作業を通して，集主観性の具体的な実相が見えてくるに違いない。

## 行為の調整

　第1章で述べたように，組織においていかにして行為が調整されるのかというのは，組織に関する最も根源的問題の一つである。Weickは以下のように段階を追って議論を展開しながら，行為の調整について自らの組織観に照らして解き明かしていく。「社会的形態があれば，初期の構築に携わらなかった人でも身につけることができ，ひいてはその発展に寄与できるような，生き生きとしてユニークな間主観的理解を生み出せる」（We95, 102-103頁）。組織的といえる行為の重要なポイントは，構成員が入れ替わっても揺るぎ難い一貫性が維持されていることにある[67]。組織が個人を超越して一貫性を維持できるのは，「初期の構築に携わらなかった人でも身につけることができる」（We95, 102頁）「間主観的理解」（We95, 103頁）があるがゆえであり，間主観的理解に達する過程は，内主観的理解が会話などのコミュニケーションによって統合ないし綜合され，社会的リアリティーをもった相互で共有された意味世界が構築される過程である。

　「間主観性が集主観性に移るときには，理解に必ず何らかの欠落が生じる。組織形態の機能は，この欠落をなるべく最小限に抑え，なお

---

[67] 人的互換性が組織と烏合の衆との分水嶺であるとする考え方については，第2章および髙橋 (2005b) を参照されたい。組織が個人を超越して（個人より寿命が長く，個人の入退出によっても揺るぎ難いほどの）一貫性を維持している理由が多くの研究者によって提示されている。詳しくは，Warwick (1975), Smircich & Stubbart (1985) などを参照されたい。

かつ再交渉ができるようにすることによって欠落を管理することにある」(We95, 103頁)。「その移行を管理するためには，間主観性に固有のイノベーションと，集主観性に固有のコントロールとを調整しようとするときに生じる緊張をうまく管理しなければならない。組織形態とは，動きの中で調整している橋渡し装置である」(We95, 103頁)。この論述の前半部分のみを読むと，集主観性の変容を常に最小限に止めているのが管理の優れた組織であると受け止められかねない。しかし，後半部分，すなわち集主観性がコントロールに，間主観性がイノベーションにそれぞれ与っており，その間の緊張をうまく管理すべきであるとの主張に触れれば，Weickが集主観性の変容をただ単に妨げるべく求めているのではなく，集主観性のコントロールと間主観性のイノベーションの圧力を絶妙にバランスさせるべきであると考えていることが理解できる。これらの記述で，Weickが集主観性に大きく軸足を置いて主張しているように感じられるのは，Weickが「組織の目標とは，環境を安定させ，予測可能なものにするために再発的な事象を創り出し同定すること」(We95, 225頁)と考えており，そういう目標を持つ「組織におけるセンスメーキングの特異な点は，前提コントロール[68]や人的互換性を確保するために，集主観性が常に働いていること」(We95, 225頁)であり，集主観性の大幅な変容が組織の継続性に甚大な影響を及ぼすと考えているためであろう。この点は本

---

[68] Perrow (1986) によれば，組織におけるコントロールには3種類ある。直接的な監視・監督による第1次コントロール，プログラムやルーティンによる第2次コントロール，仮定や価値観による第3次コントロールである。第1次コントロールは行為レベルのコントロールであり，第2次コントロールは意思決定レベルのコントロール，第3次コントロールは認識レベルのコントロールである。Simon (1957) のいう意思決定に先立つ諸前提という観点に立って，第3次コントロールは前提コントロールと呼ばれる場合もある。ワイクはこの前提コントロールを，イデオロギー，パラダイム，伝統，物語などと並べて代表的な有意味構造（センスメーキングに当たって依拠されるある種のフレーム (We95, 147頁)) として論じている。

章の核心に触れる部分でもあり，後に更なる考察を進めていく。

続いて Weick は，「調整は，二者間の相互行為を源とする相互連結ルーティンや習慣化された行為パターンのようなものによって達成され」(We95, 103頁),「最後に，組織という社会的形態は基本的に，継続的なコミュニケーション活動を通して発現し，維持されるパターン化された活動から構成されている。このコミュニケーション活動の中で，参加者たちは共通の利害を軸に同一の理解を発展させる」(We95, 103頁) と主張している。

こうした Weick の考え方は，第2章で紹介した Westley (1990) の定義，すなわち「組織とはすべて相互連結ルーティンの連鎖，つまり同じ時間，同じ場所で，同じ活動を中心に，同じ人たちを接触させる習慣化された行為パターンなのである」(Westley, 1990, p.339) や，Smircich & Stubbart (1985) の組織とは「自分自身や他者の行為について互いに強化し合う解釈をするよう働きかける確信，価値観，仮定を多く共有している人びとの集合」(Smircich & Stubbart, 1985, p.727) であるとの定義，あるいは Czarniawska-Joerges (1992) の「組織とは，集合行為のネットであり，世界および人間生活を形成すべく努力する中で企てられたものである。行為の内容は，意味と物 (人為的産物) である」(Czarniawska-Joerges, 1992, p.32) などの主張とも通底している。これらはいずれもセンスメーキング[69] パラダ

---

69　第2章で述べたように"センスメーキング"とは，何かをフレームの中におくこと (Starbuck & Milliken, 1988, p.51)，未知の構造化 (Waterman, 1990, p.41)，情報探索と意味帰属と行為の相互作用 (Thomas, Clark & Gioia, 1993) などさまざまに定義されてきたが，"センスメーキング"という言葉には機能性，合理性，実証性などよりも主体が寄与する意味 (より主観的な構築物) に焦点を当てるという含意がある (第3章を参照されたい)。Weick は「センスメーキングとは実にうまいネーミングの概念である。というのは，文字通りそれは意味 (sense) の形成 (making) を表現しているからだ。能動的な主体が，有意味で (sensible)，知覚可能な (sensable) 事象を構築する」(We95, 5頁) と述べている。

イムの組織論[70]を代表するものであると言ってよい。

　上の Weick の主張を読めば分かるように，彼は行為の調整がコミュニケーションを通して構築された参加者達の共通理解によって達成されると考えている訳であり，それは Smircich & Stubbart (1985) がいうところの多くの人びとに共有された「確信，価値観，仮定」(Smircich & Stubbart, 1985, p.72) であり，それによってもたらされるのが Westley (1990) のいう「相互連結ルーティンの連鎖」(Westley, 1990, p.339)，「習慣化された行為パターン」(Westley, 1990, p.339) ということになろう。

## 集主観性の階層化

　上で，Weick が「間主観性が集主観性に移るときには，理解に必ず何らかの欠落が生じる。組織形態の機能は，この欠落をなるべく最小限に抑え，なおかつ再交渉ができるようにすることによって欠落を管理することにある」(We95, 103 頁) と論じると同時に，「その移行を管理するためには，間主観性に固有のイノベーションと，集主観性に固有のコントロールとを調整しようとするときに生じる緊張をうまく管理しなければならない」(We95, 103 頁) とも論じていると述べた。

---

[70] Weick 自身は「センスメーキング・パラダイムに特有の組織理論といったものはない」(We95, 95 頁) と語っているが，「それでも，組織とその環境の構築においてセンスメーキングが中心的であることを認めるような組織の論じ方は可能である」(We95, 95 頁) と述べて，代表的な組織理論 (例えば，Roethlisberger & Dickson (1939), Selznick (1949), Boulding (1956), March & Simon (1958) など 55 もの先行研究) をセンスメーキングの観点からレビューしている。Barnard (1938) もレビューされているが，本書の第 1 章，第 2 章で論じたような批判的見解は提示されず，Barnard (1938) から積極的にセンスメーキング理論の礎を見出そうと試みられている。詳しくは Weick (1995：訳) の 89 頁から 94 頁を参照されたい。

「集主観性が常に働いていること」(We95, 225頁) が組織におけるセンスメーキングの特異な点であり，それが「人びとが互換できるような管理構造を創り出し」(We95, 225頁)，それによって「人は綿密に調べなくとも，世界は意味をなし，物事がコントロールしうると思える」(We95, 225-226頁) のであれば，集主観性こそが組織化の源泉であり，それが変容の脅威に晒されることは組織の組織足りえる所以である人的互換性を揺るがし，参加者が共有している意味世界が崩壊の危機に瀕することに繋がってしまうだろう。

　しかし，一方で外的環境が変われば，組織は適応的であるために集主観性を変容させざるを得ず，それに失敗すれば内部のコントロールは極めて順調であっても，外的圧力によって組織そのものが崩壊せざるを得なくなる場合もある。「社会システムには2つの型の基準，すなわち，システムの内的機能に関連した基準とシステムの環境にかかわる外的な機能に関連した基準」(We79, 230頁) とがあるが，環境が激変しつつあるにもかかわらず，内的基準のみが重視されているような組織，「何の問題もありません，わが社は極めて順調です！」，「重役会議で本日報告すべきは，わが社の裏庭で猫が喧嘩をしていたことくらいです」[71] などの報告ばかりが繰り返されているような組織は早晩生存の危機に直面せざるを得ないだろう。Starbuck (1976) が指摘しているように，いかに競争が激しい場合でも「環境の特性によって押しつけられる制約は，一般に，組織の特性を一義的に決定するほど強力ではない」(Starbuck, 1976, p.105) ものであり，組織は往々にして内的淘汰を満足させるだけですべてが順調であるかのような錯覚に陥りやすいものなのかもしれない。第2章で述べた

---

71　経営コンサルタントから禅僧に転身した佐橋法龍氏の『禅入門』(1967, 三一書房) で倒産した東証二部上場企業N社で実際にあった話として紹介されている。

Campbell (1965) のいう「習慣のなれ合い (habit meshing)」という語は，組織が陥りがちなこうした状況に対する警句でもある。

これまでの議論を振り返って，集主観性は変容すべきであるというべきなのだろうか，それとも変容すべきではないというべきなのだろうか。第3章で述べたように，安定性と柔軟性の相克は組織論永遠のテーマではあるが，以後少々この点について考察を深めてみたい。

この問いに答えるに当たっては，第2章で紹介したセンスメーキングの契機に関する議論が大いに役立つ。第2章では，人が不満足の閾値に達するとセンスメーキングが開始されると論考した Schroeder, Van de Ven, Scudder & Polley (1989)，予期せざる事象と生起と予期した事象が生起しない場合がセンスメーキングの引き金になると論じた Mandler (1984)，非日常・新奇なもの，食い違い，人為の主導がセンスメーキングの出発点であるとする Louis & Sutton (1991)，イノベーションの機会を予期せぬ失敗・成功と関連付けてセンスメーキングの契機を的確に把握することの難しさを提示した Drucker (1985) などを検討し，これらの議論に基づいて，頑健である集主観性が改めて疑われ，変化していくためには，予期せざる事象の発生や予期した事象が生じないことによる認知的中断 (Mandler, 1984, p.188)，人が状況を非日常的ないしは新奇なものとして経験するときなどに起こる意識的モードへの切換え (Louis & Sutton, 1991, p.60)，予期せぬ成功を認めること (Drucker, 1985：訳, 54頁) などによってもたらされた「行為閾 (action thresholds) の刺激となった何らかのショック」(Schroeder, Van de Ven, Scudder, & Polley, 1989, p.123) が長期にわたる活動の所産として伴う必要があると述べた。また，保持からのフィードバックが集主観性のコントロールを示していると考えるならば，保持内容は組織が組織足りえる

ための源泉であり，それが常にかつ激しく変容していては組織は常時安定性を欠き，ルーティンや標準実施手続きによる便益を享受すること能わざる状況に陥るか，それが過ぎれば崩壊の危機に瀕するようになると指摘し，保持内容の変容を一定限度に抑圧する何らかの障碍を想定することで，組織の安定性に関する説明原理を担保するべきであるとも論じた。

　第2章のアイディアは，頑健でありながらも変化せざるを得ない集主観性の変容メカニズムを閾値という概念で説明することにあった。では，ショックがある閾値を越えた場合，集主観性（ESRモデルでは保持内容）はすべてが書き換えられてしまうのだろうか。そうではあるまい。組織がその一貫性を維持しながら，集主観性を変容させるプロセスを考えるということは，Fuentes (1990) のいう「この変わりゆく世界が決して無意味にならないように類似や統一といった精神の力を保持しつつ，世界の多様性や変異性をいかに受け入れるかという課題」（Fuentes, 1990, p.49）と密接に関わっている。Fuentes (1990) は，新しいものを取り込むということは「新しいもののために過去を犠牲にするという問題ではなく，われわれが創り出した価値を維持し，比較し，忘れないという問題で，そうすることによって現代の価値を失わずに過去の価値を現代的にするのである」（Fuentes, 1990, p.50）と述べている。

　Fuentes (1990) の主張は示唆に富んでいる。まず第一に，それは新しいものを取り込んだからといって，それ以前の認識フレーム[72]すべてが放棄されてしまうわけではなく，それらは姿を変えて現代的

---

[72]「センスメーキングの実質に関する考察は，役割を構築したり対象を解釈するに当たって人は何に"依拠する"ものかについての何らかの考えを反映している。何かに依拠するということは，ある種のフレーム（たとえば，国の文化）の作用—その中で手掛りが気づかれ，抽出され，意味あるものとされる—を何ほどか前提にしている」（We95, 148頁）。

価値として生き続けているということを感得することができる。第二に，センスメーキングプロセスが Ring & Van de Ven（1989）のいうように「アイデンティティ感覚を持ちたいと願う個々人の欲求―つまり，自己概念の尊厳と一貫性を維持できるような状況への一般的な志向」(Ring & Van de Ven, 1989, p.180) と密接に結びついており，それが Weick の主張するように回顧的プロセスであるならば，放棄されるどころかその一部は価値の変容を伴わずに存在し続けると考えたほうが妥当であろう。もしすべてが放棄されてしまったならば，ある時点で過去を離散的断片として抽出しそれに意味を付与している自己と，それを現実に持続的流れの中で経験した自己との同一性が維持されえないことになる。アイデンティティがことごとく崩壊してしまっては（例えばすべての一貫性―記憶や感情，心情―まで失ってしまえば），それは物理的には同じ人間であっても最早同じ人間とは言い難い。こうした議論を組織に敷衍するならば，集主観性がまったく一変してしまった組織は，構成員が同じでも最早同じ組織とは言い難いことになる。

　一貫性をもった自己同一性の維持と，集主観性の変容を同時に実現するためには，変容前の価値と実質的に同一の価値（Fuentes (1990) のいう現代的になった過去の価値）が，変容後の集主観性に存在していることが必要となる。こうした議論をある時点から組織の成立時にまで遡って帰納的に漸進させて行くならば，そこでは常に何らかの同一価値が保持され続けていることになる。

　長く続く同一価値もあるであろうし，短命に終わる同一価値もあるであろう。それがどの程度持続するのかは外的環境と条件適合的に決まるにせよ，Deal & Kennedy（1982）が提示したように，しばしば持続的に成功している企業の多くに，歴史的に強力な同一価値連鎖

が存在している[73]ことは事実である。

　ここで比較的長期にわたって持続し，組織の一貫性，自己同一性を裏打ちしている組織構成員間で広く共有されている価値と，そうではないが広く共有されている価値とを区別して，前者を集主観性の不易なコアとして捉え，後者を集主観性の周縁として捉えるならば，集主観性はその内部においてもコアと周縁とに分けて考えることが可能となる。コアは Fuentes（1990）のいう姿を変え現代的になっても持続している過去の価値の体系によって成り立ち，これが変容の脅威に晒されるならば，組織化の源泉が脅威に晒され，ひいては当該組織が当該組織である源——組織のアイデンティティー——が脅威に晒され，やがては組織が組織足りえる人的互換性すら確保できない状態に陥る可能性がある。Weick が集主観性に軸足を置いて「間主観性が集主観性に移るときには，理解に必ず何らかの欠落が生じる。組織形態の機能は，この欠落をなるべく最小限に抑え，なおかつ再交渉ができるようにすることによって欠落を管理することにある」（We95, 103 頁）といった議論を展開したのも，このコアが破壊されぬよう警告を発しているのであると考えるとより正確に Weick の主張を理解することが可能になる。

　もちろん，こうした二分法は議論の都合上のものであり，現実には相対的により不易であるべき価値と，より流行してよい価値とが黒白を明らかにできぬまま同心円をなして連続していると考えるべきであろう。

---

[73] Deal & Kennedy（1982）は IBM，NCR，ケロッグなどの持続的成功を謳歌している企業を取り上げて「強い文化の重要性」（Deal & Kennedy, 1982 : 訳, 6 頁）を指摘している。強い文化は，「組織の基本的な考えや信念で，企業文化の中核をなしている」（Deal & Kennedy, 1982 : 訳, 19 頁）価値理念に支えられていると彼らはいう。Deal & Kennedy によれば「理念の形成と強化は経営者に課された最大の任務」（Deal & Kennedy, 1982 : 訳, 30 頁）であり，持続的な「価値理念や信念」（Deal & Kennedy, 1982 : 訳, 44 頁）こそが持続的成功の鍵である。詳しくは Deal & Kennedy（1982）を参照されたい。

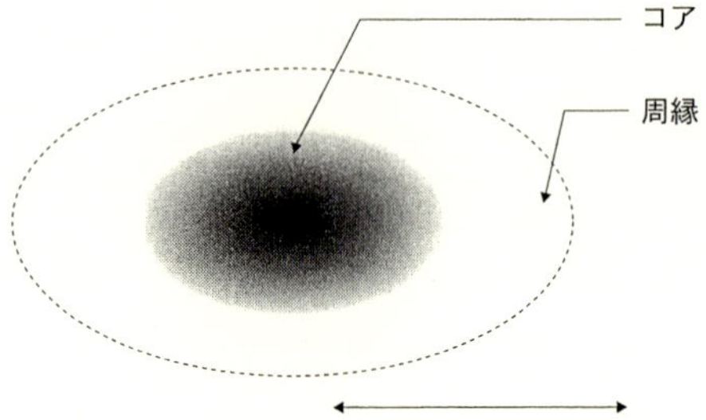

図表 4-1. 集主観性の階層

(図中ラベル: コア、周縁、不易であるべきか否かは相対的)

## メディアリッチネスとコミュニケーションコスト

　人が直面する問題は，不確実か多義のいずれかである。第2章で述べたように，ある情報があれば解決できるような問題は不確実な問題である。例えば「コロンブスがアメリカ大陸を発見したのは何年か」との問いに，もし1492年（"意欲に燃えたコロンブス"と覚えたものだ）という年号を知らなかったら答えようがない。反面，誰かにこの年号さえ教えてもらえれば簡単に答えられるだろう。また答えは一義的に定まっていて，正否は誰の目にも明らかである。これが不確実な問題の一例である。情報だけでは解決できない，より複雑で高度な問題が多義に関わる問題である。例えば「君の彼女と僕の彼女はどちらが美人か」などという問いに対しては，両者を並べて眺めてみても答えはでない。答えは一義的に定まらず，正否が明らかではない。これが多義的な問題の一例である。もちろん，現実にはすべての問題を不確実と多義に二分するのは難しいだろう。現実的にはより不確実性の高い問題か，より多義性の高い問題かを相対的に判断すべきである。

第 2 章では，Weick がメディアリッチネス論の先行研究を踏まえつつ，多義性を削減するためにはメディアリッチネスのディグリーがより高い「会議や直接対話といったリッチで人間的なメディア」(We95, 134 頁) が，不確実性を削減するためにはメディアリッチネスのディグリーがより低い「公式情報システムやスペシャル・レポートといった没人間的なメディア」(We95, 134 頁) がそれぞれ優れていると主張していたことを紹介した。

　組織において最も注目すべきコストの一つがコミュニケーションに関わるコストであることには異論がないだろう。古来，組織はコミュニケーションコストを最小化すべく，行為のルーティン化，意思決定のプログラム化に励んできた。メディアリッチネスのディグリーの低いメディアはコストも低い場合が多い。直接会って話すのは，両者が時間と空間を共有する最もコストの高いメディアであるが，E メールであればわざわざ会いに出向く必要もない。メディアリッチネスのディグリーが高いメディアばかりを用いようとする組織は，止め処ない残業と膨大な人件費に苦しむことになるであろう。

　第 2 章で紹介した Weick の主張で注目すべきは，単にコストだけの問題ではなく，メディアリッチネスのディグリーが高いメディアを用いて不確実な問題に対処しようとするとかえって混乱が増すばかりである (We95, 135 頁) との指摘であった。逆の指摘もまたなされている。

　コミュニケーションコストの最小化をもたらすルーティン化，プログラム化は安定性を増大させるが組織の柔軟性を奪ってしまう。外的環境に変化が少なく高い予測可能性を確保できる限りにおいてはルーティン化，プログラム化は組織の適応性を高める。しかし一方でそれが組織の適応可能性を排除していることを忘れるべきではない。外的

環境に激しい変化が生起したならば、ルーティン化、プログラム化に過度に寄り掛かった組織は適応的でなくなる恐れがある。

それに加え、用いるメディアがコストパフォーマンスに優れたメディアリッチネスのディグリーが低いメディアに偏重したならば、外的環境が激変する中で、組織は多義性に関わる複雑な情報をイナクトできず、従って淘汰することも叶わず、危険なクローズド・システムと化してしまう可能性もある。この点に関しては、IT化のもたらした便利なツール（Eメールや情報共有システムなど）と絡めて、後でささやかな警句を発することにしたい。

## 集主観性の類型化

上の議論を踏まえるならば、集主観性を不確実性に関わる情報が共有されている場合と、多義性に関わる情報が共有されている場合に類別して考える地平が開けるだろう。すなわち複雑でより価値的（質的）情報と、単純でより非価値的（量的）情報が共有されている領域とに類別化を試みるのである（以後、それぞれを質的情報、量的情報ということにする）（図表4-2参照）。

より質的情報の領域　　　　　　　　　　　より量的情報の領域

集主観性の全領域

高　　用いられるべきメディアのリッチネス　　低

対面会議　　　　　　　電話　　　　　　　　eメール
コミュニケーションコスト大　　　　　コミュニケーションコスト小

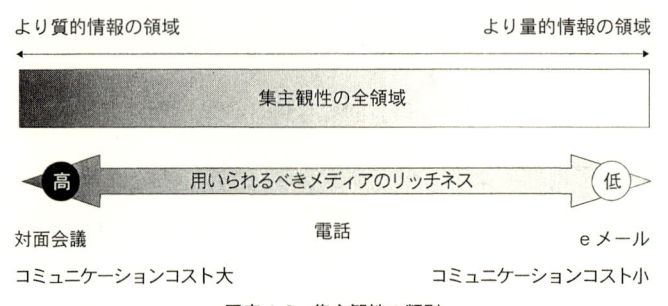

**図表4-2. 集主観性の類別**

これまでの議論を総合して，質的・量的，コア・周縁の2つの軸を用いることで集主観性で共有されている情報を4つに分類することができる（図表4-3参照）。

領域①はより量的でコアな領域である。単純（例えば数値情報など）であるが，比較的長期にわたって変化すべきではない，あるいは変化してはならない組織のアイデンティティに関わる情報が保持されている領域である。分かりやすく説明するために，日本という国家を組織として考えてみよう（Barnard (1968) が論じたように国家を組織として考える（Ba, 3-7頁）のは不当ではないだろう）。日本国の構成員であるならば誰しもが知っているべき量的かつコアな情報の一例として，地理や歴史の教科書で述べられている年号や人名，地名などを挙げることができるだろう。鎌倉に幕府が開かれたのは1192年（"いい国作ろう鎌倉に"と覚えたものだ）であること，日本の首都が東京であることや，宮城県の県庁所在地が仙台であること，信長，秀吉，家康などの歴史上の人物の名前などを挙げることができるだろう。たとえ単純な年号などの情報であっても歴史はその組織のアイデ

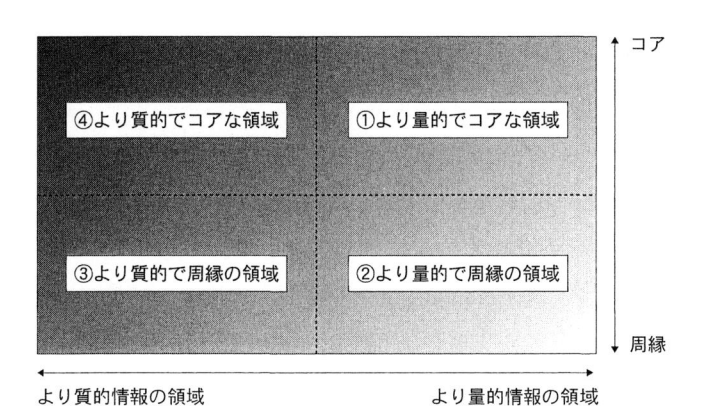

|     | コア |
| --- | --- |
| ④より質的でコアな領域 | ①より量的でコアな領域 |
| ③より質的で周縁の領域 | ②より量的で周縁の領域 |
| より質的情報の領域 | より量的情報の領域 周縁 |

図表4-3. 集主観性の4つの領域

ンティティを強固に裏打ちしている。「会社の歴史を知っている人は，会社の予言者（あるいは利得？）〔ここで Weick は prophet（予言者）と profit（利得）をかけている〕である。会社の歴史についてどうしようとしているかを知れば，そのシステムの運命がどうなるかをかなり正確に述べることができる」（We95, 319 頁）。歴史を無視することは自らのアイデンティティの拠り所を無視することになりかねない。

　領域 ② はより量的で周縁の領域である。この領域の情報はすべての構成員に広く共有されているものの，それらは一時的あるいは比較的短期間の共有でしかない。組織のアイデンティティを裏打ちするほどの情報ではなく単純であるが組織の構成員であるからには知っていて当然の情報が蓄えられている。日本国を例とするならば，某ラジオ局に買収合戦を仕掛けたのは IT 業界の若きリーダー H 氏である，隣国が通貨を〇％切り上げた，美空ひばり亡き後の紅白歌合戦の赤組トリは〇〇氏である，消費税は 5 ％である，などの情報である。余談になるが，第二次世界大戦末期のドイツ軍必死の反撃を描いた映画『バルジ大作戦』で，アメリカ兵に変装して米軍陣地に潜伏していた米語が堪能なドイツ兵を見抜く際に，「テキサス州の州都はどこか？」などの質問を投げかけていたのを思い出す。テキサス州の州都はアメリカ人なら誰しも知っている筈の量的情報であり，上の領域 ① に属する情報になろう。アメリカ帰りのドイツ兵はテキサス州の州都くらいは知っているかもしれない。そこで次に投げかけられた問いは「昨年のワールドリーグ優勝チームは？」であった。この問いに即答できなかったドイツ兵は逮捕されてしまうのだが，まさに一時的かつ単純な量的情報ではあるがアメリカ人なら誰しも知っているべき情報（アメリカ人以外は知らない可能性が高い）で相手がアメリカ人であるか否かを判別したのである。こうした情報がこの領域 ② に蓄積されている。

領域③はより質的で周縁の情報である。上の領域②と違うのは，正否が明らかでなく，より複雑である点である。一過性であるのは領域②と同様である。例えば，流行のファッション，ライフスタイルなど，情報によってすべてが一義的に解決する訳ではないが，現代の日本人なら当然のこととして受け止めている事柄がこの領域に属している。たとえば若者の金髪・茶髪であるが，かつては金髪・茶髪は不良の象徴であり，極めてネガティブに受け止められていたように思う。それがいつの間にか，金髪・茶髪はお洒落なファッションとなり，今では金髪・茶髪だからといって直ちに不良であると決め付けるようなことはあるまい。いや，むしろ個人的にはいろいろな髪色が教室を彩っているのは熱帯雨林で鳥たちを相手に講義しているようで愉快ですらある。「間主観性に固有のイノベーションと，集主観性に固有のコントロールとを調整しようとするときに生じる緊張」（We95, 103頁）が高まり，金髪・茶髪が当時の集主観性では極めてネガティブに受け止められたがゆえに，こうなるまでには侃々諤々の議論が噴出したと記憶している。「間主観性のイノベーションと集主観性のコントロールとの間で緊張が生じれば，往還運動とコミュニケーションが活発に」（We95, 225頁）なるのである。

　最後に領域④であるが，ここにはより質的でコアな情報が蓄積されている。組織の一貫性とアイデンティティを裏打ちし，比較的長期にわたって保持されている情報である。量的でないがゆえに単純な共有は難しいが，この領域は組織の最も重要なセンスメーキングフレームの供給源であり，短期間に有為転変すべきでない，あるいは不易であるべき情報が蓄積されている。例えば，侘び，寂びなど長らくわが国に共有されてきた心情，散りゆく桜に心震える美的感覚などは，日本人ならば誰しもが保持している価値基準であろう。たとえば「人を

殺してはいけない」などという価値観は不易であって然るべきと考えられるし,「弱いものいじめをしてはいけない」などというのも同様である。こうした情報の共有が揺らぐと,上で述べたように組織が組織足りえなくなる恐れがある。「なぜ人を殺してはいけないのか」などという議論が白昼真顔で展開されることにでもなれば,社会は安定性を欠き,最早社会として成り立たなくなる恐れがある。

　上で述べてきた集主観性の4つの類型では変容にいたる閾値の高さは当然ながら領域ごとに異なるであろう。領域内でもよりコアに近づくほど閾値は高くなり,より周縁になるほど閾値は低くなるだろう。

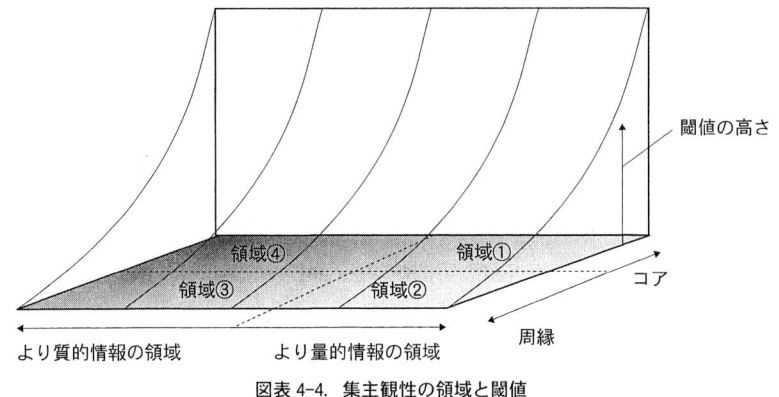

**図表 4-4. 集主観性の領域と閾値**

　周縁――一時的に共有されている情報の保持――を考えるということは裏を返せば,集主観性の一部（あるいは組織の記憶,ESR モデルの言葉でいえば保持内容といってもよいだろう）は時の経過とともに揮発してしまうことを仮定している。すなわち,閾値とはかかわりなく,もう一つの変数――時の経過――もネガティブにではあるが組織認識を変容させる重要な要因の一つなのである。

　第2章では詳しく論じなかったが,Weick が組織の記憶構造とし

て取り上げたアイディアは deBono（1969）のゼリーモデルに基づく以下のようなものである。まず目前に山型のゼリーがあると想像して欲しい。①「もしスプーンのお湯を一つの中心的くぼみにではなくゼリー表面のあちこちに垂らすと，最初のくぼみが（たとえそこにしずくが落ちなくても）次第に深くなってゆく」（We79, 272頁）。②「まったく同一でなくとも，似通ったパターンが連続して与えられると，一つのパターンが強化されることを意味する」（We79, 273頁）。③「古いパターンに密接に関連している新しいパターンを定着させることはほとんど不可能に近いことを意味している」（We79, 273頁）。④次々にお湯を垂らすとそれらが鎖となって結合するが「結合したイメージの鎖はどれほど長くなろうとも，つねに最初のイメージへと戻ってくる」（We79, 273頁）。deBono（1969）のゼリーモデルを用いてWeickが組織認識の変容プロセスを描こうと試みたことに対しては第2章で紹介したように多くの批判が寄せられている。確かに，ゼリーモデルは個人の記憶をシミュレートしたものである。しかしながら，このモデルはWeickがいうように組織認識について考察する際に貴重なメタファーとなりうる。

　まず第一に，ゼリーの山型の形状が変わっても，それは過去をすべて否定したのではないこと，すなわち，先に述べたようにFuentes（1990）の「新しいもののために過去を犠牲にするという問題ではなく，われわれが創り出した価値を維持し，比較し，忘れないという問題で，そうすることによって現代の価値を失わずに過去の価値を現代的にするのである」（Fuentes, 1990, p.50）という考え方を示すメタファーとして優れていること，第二に，用いられる頻度が（お湯のしずくがゼリーを溶かして流れていくとき，繰り返し用いられる道筋はより深くなり，さらに用いられるようになるだろう）記憶の鍵を握っ

ているということ，第三に，断続的な少量の"しずく"ではなかなか新たな道筋は生まれないが，一時の大量な"しずく"の流入は道筋の大幅な変更を可能にするであろうことなどである。

　第一についてはすでに論じたので改めては触れない。第三のメタファーは閾値の存在を暗示している。これについても改めて触れる必要はないだろう。問題は第二のメタファーである。もしあらゆる記憶が時間とともに消滅してしまうのであれば，それが長く存在しうる理由はただ一つしかない。すなわち，消滅する以前に繰り返し用いられることである。これは用いられるたびにゼリーの谷が深くなっていくのに共通している。

　時間に対するフレームの頑健性は，それが組織内で用いられる頻度，繰り返しなされる意思決定前提への組織的影響力の行使などに拠るのではないだろうか。例えば伝統的行為はいかにして伝承されるのであろうか。「あらゆる種類のイメージや目的や確信は，伝統として伝えることができる。しかしたった一つだけ伝えられないものがある。それは行為である。行為がなされた瞬間に，それは存在しなくなる」(We95, 168頁)。その場で消えてしまう行為が消えずに伝承されるのは，それが一定の頻度で繰り返され，揮発する前に（行為の記憶が残っているうちに）次の行為を行う機会があるためではないだろうか。行為はイメージとして記憶に蓄えられるが，それが行為として再生される頻度が少なければ元の行為とはかけ離れたものに変化してしまうだろう。箸の使い方などは頻繁すぎるほど繰り返されているし，和服の着方も忘れられない程度に繰り返され続けている。行為がイメージとして蓄えられていても，それは行為としてある頻度で再生されない限り，組織内で保持され続けることはむずかしい。

　行為の伝承は，集主観性の変容を時間軸で考える際のメタファーと

して優れている。というのも，行為は繰り返され続けるが，それは必ずしもそれ以前の行為と同じではないからである。流行歌手が毎日テレビで同じ曲を歌っているとしても，それは必ずしも昨日の曲と同じとはいえない。力量のある歌手は，歌いこむほどにより味わい深く歌うようになっていくだろう。聴衆を飽きさせないよう，時にはわざと抑揚を変えたりもするだろう。しかし，こうした変化はその歌手が意識していようといまいと避けては通れないことなのである。人間はカセットレコーダーではない。

その歌はある頻度で人びとに歌われているうちは社会に根付いているように見えるだろう。しかし十年経ち，二十年経つうちにその歌を口ずさむものはいなくなり，やがてはそんな歌があったことすら忘れられてしまう。それでも時を越えて生き延びていく歌は，確実にある頻度で繰り返されている筈である。そして，それは気づけるか否か別として変化し続けている。

頑健性と時間については，ここではこれ以上触れない。この問題については，第2巻で具体的事例を挙げながら詳しく論じることになる。ここでは，①何か新しい刺激がポジティブに保持内容を変容させる場合には閾値概念が，②ネガティブに保持内容が揮発してしまう場合には時間概念が，それぞれ考察を進める上で有用であろうことだけを押さえておいていただければ十分である。

## IT化偏重と経営哲学の危機

最後に，これまでの議論をより理解するために，経営哲学およびIT化に対して応用展開してみよう。

『経営哲学とは何か』の中で村田は，哲学の使命として「真・善・

美に関する根源なるものの探求」（5頁），「究極的なる価値への探求」（5頁）を挙げた後,「経営哲学は，なによりもまず『経営』ということを徹底的に探求することでなければならない」（15頁）と述べている。また厚東は同書の中で「経営哲学とは，経営システムとその機能，これを支え機能させる基本的な価値，その存在それ自体を解明し，機能と価値の相互依存関係・対立関係＝トレードオフの関係の全体を扱う」（18頁）と述べている。村山は「経営哲学は，根源の思想（根っこの思想）である」（36頁）と述べている。いずれも深みのある含蓄に富んだ言葉である。

一方で，小笠原（2005）が指摘しているように，"経営哲学"という概念は未だ一般化された定義が存在していないのが実情であろう[74]。ここで，これまで論じてきた集主観性の質的で不易なコアこそが，さまざまな定義をもって論じられてきた経営哲学の本質であると主張したい。それはまさしく「究極的なる価値」（村田, 2003, 5頁）であり，「経営システムとその機能，それを支え機能させる基本的な価値」（厚東, 2003, 5頁）であり，「根源の思想（根っこの思想）」（村山, 2003, 18頁）である。たとえば，「消費者に高品質の牛乳を提供する」でも良いし，「安全なカーライフの提供を通じて，豊かな明日を築く」でも良い。これらはいずれも組織内で共有されている究極的な価値，経営の意味，根っこの思想であり，組織のアイデンティティの根幹に関わり，組織におけるセンスメーキングで最も重視されるべきフレームである。『経営哲学とは何か』の中で多くの論者が展開している経営哲学の重要性に関する議論は，先に触れた Weick の集主観性重視の見

---

[74] 小笠原は「経営を哲学することは，言うは易く為すはあたかも群盲象をなでるが如きものがある」（小笠原, 2005, 1頁）と述べ，「経営哲学の体系化」（小笠原, 2005, 1頁）こそ急務であると主張している。小笠原は，体系化にとって最大の障碍の一つは，経営哲学の一般化された定義がないことを指摘している（小笠原, 2005）。

解と通底しているのである。

　しかし一方，上で述べたように，集主観性は組織が環境に対して適応的であるためには変容し続けていかねばならない。と同時に，集主観性がすべて変容してしまえば，組織の構成員が同一であっても生み出す製品やサービスが同一のものであっても，あるいは，行為のマニュアル化や意思決定でそれまでと同様のプログラムが用いられているとしても，その組織はそれまでの組織と同じ組織とは言い難い。

　繰り返しになるが，組織が一貫性を維持し，確固とした自己同一性を確立していくためには集主観性の不易なコアが不可欠である。先の○○自動車にとって，「安全なカーライフの提供を通じて，豊かな明日を築く」というのは，それこそが○○自動車の自他共に認める存在意義であり，「究極的なる価値」（村田，2003，5頁）であり，「経営システムとその機能，それを支え機能させる基本的な価値」（厚東，2003，5頁）であり，「根源の思想（根っこの思想）」（村山，2003，18頁）である。すなわち「安全なカーライフの提供を通じて，豊かな明日を築く」は同社の経営哲学の根幹であり，○○自動車にとって不易であるべき価値であり，○○自動車におけるあらゆるセンスメーキングの根幹となるフレームである。これを放棄し欠陥車を堂々と売っているようでは，本社所在地，構成員や出資者が同一であっても，それはかつての○○自動車とは別の組織である。「安全なカーライフの提供を通じて，豊かな明日を築く」というのは，単純な量的情報ではない。それは価値を含む質的情報であり，上の議論に基づけば集主観性の領域④に蓄積されているフレームである。経営哲学が集主観性の質的コア情報であるというのは，こうした考察からも頷けるであろう。

　「安全なカーライフの提供を通じて，豊かな明日を築く」というのが単なる標語（すなわち，全構成員が知っているべきではあるが量的

128　第4章　組織認識-集主観性-の実相

（非価値的）情報）として長く共有されてきたに過ぎないのであれば，領域①に属する情報といえるだろう。単なる掛け声や標語と経営哲学は違うのである。経営哲学は質的（価値的）情報であり，長く共有されるべきコア情報なのである。

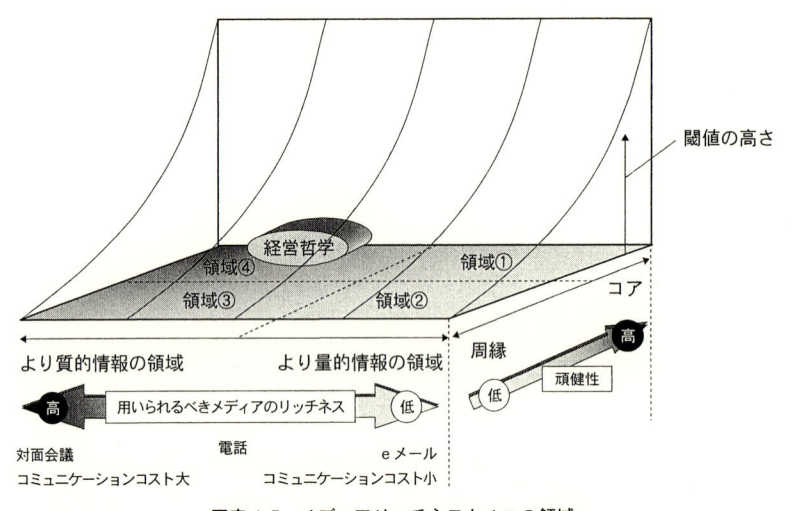

図表4-5. メディアリッチネスと4つの領域

　ここでもう一度メディアリッチネスに関する議論を思い出して欲しい。より質的情報ではよりメディアリッチネスのディグリーが高いメディアが用いられるべきであり，逆用はさらなる混乱を招く恐れのあることを指摘してきた。
　IT化によってもたらされたコミュニケーション・ツール（例えばEメールや情報共有システムなど）というのは，従前のメディアと比較すればメディアリッチネスのディグリーは極めて低いといわざるを得ない。対面会議であれば得られる筈の，声の抑揚や身振り手振り，顔つきなどの非言語的情報はすべてこそぎ落とされてしまっている。

非言語的という観点からすれば，声の抑揚や息遣いが伝わる電話よりもディグリーは低い。更にそれらは，多くの場合，相手の反応を見て即応することができる対面会議などと比較すると即時性に乏しい。

ただし，IT化によってもたらされたコミュニケーション・ツールというのはコミュニケーションコストの面で従前のメディアとは比較にならぬほど優れている。わざわざ会いに行く，電話をする，というのと比較すれば一目瞭然である。

こうした特性をもつIT化によってもたらされたコミュニケーション・ツールに組織内コミュニケーションが偏重した場合，最も恐るべきことは，組織内で質的情報が共有できなくなることである。共有できないだけではない。それらに対する誤解が満ち溢れてしまう場合すら考えられる。質的情報は「会議や直接対話といったリッチで人間的なメディア」（We95, 134頁）を通して「主観的な諸々の意見を戦わせて絞り込む他」（We95, 134頁）なく，「どんな客観的データ（たとえあったとしたらだが）が関連するのかさえ，誰もが漠然とした考えさえ持てない」（We95, 134頁）からである。Weickが強調するように「混乱を低減するのにリッチ度が低過ぎる公式情報処理」（We95, 135頁）を用いれば，問題を「長引かせ，さらに悪化させてしまう」（We95, 135頁）ことを忘れてはならない。

集主観性のコアに蓄積されている量的情報に焦点を当てているのではない点には留意していただきたい。繰り返し述べてきたように，より質的で，組織全体に共有され，組織の一貫性を裏打ちしている価値観，信念，信条などの情報のほうが，組織の安定性にとってはより重要なのである。IT化によってもたらされたコミュニケーション・ツールはそうした情報の共有には不向きであるばかりか毒にさえなりかねない恐れがある。

IT化の進展に歩を合わせるかのように，近年企業不祥事が目立つようになってきた。先に挙げた○○自動車，○○乳業ばかりではない。旧国営○○旅客鉄道，大手商社○○物産などいくらでも例を挙げることができる。いずれもかつては国民から厚い信頼を寄せられていた企業ばかりである。行過ぎたコミュニケーションのIT化が，彼らを変質させた一端を担っているように思えてならない。

　IT化によって便利になったとばかり喜んでいてはいけない。いかに優れた技術であっても諸刃の剣である可能性を忘れるべきではない。IT化もまた然りである。組織のアイデンティティの源であり，組織の一貫性を裏打ちしている集主観性の質的でコアな領域を共有できない組織はやがて崩壊の危機に瀕する恐れがあることを忘れてはならない。

# 第 5 章
# 事例研究　伊藤忠の挑戦

　本章では，これまでの議論に基づいて事例研究を行う。

　本章の目的は，組織認識論の知見に基づいた事例研究そのものにあるが，併せて伊藤忠商事において丹羽宇一郎社長を中心に推し進められた経営改革の事例研究を通して，わが国企業が進むべき新しい経営モデルの一例を提示することにある。伊藤忠商事における改革が，IT時代における新しい日本的経営モデルとなりえる可能性を秘めていることは，本章をお読みいただければ十分にお分かりいただける筈である。

　本章の議論は，第4章までの議論に基づいて，組織の行為や意思決定というレベルを越えて組織の認識レベルにまで踏み込んで展開される。第1章で述べたように，組織の行為や意思決定のレベルにおける考察は，過去の成功事例に依拠可能な見通しの効く状況においてこそ有効なものである。急激に環境が変化し，混沌として先行きが読めず過去の成功を頼めぬ状況下では，混沌の中から組織がどのような物語を紡ぎ，どのような世界を描くのかが重要である。これすなわち認識の問題である。組織がいかなる認識をするかが組織の命運にとって極めて重要なのは明白である。伊藤忠における改革も，このレベルにまで踏み込んではじめてその精髄を解することができる。意思決定レベルの考察では触れ難く見えづらかったものが，認識レベルにまで踏み込むと浮き上がってくる。それら浮き上がったものをここで論じてみたい。

132　第5章　事例研究　伊藤忠の挑戦

　本章で取り上げた伊藤忠商事の経営改革は，1999年度から2001年度にわたって断行された内容である。従って，本章で登場する人名，役職，企業名等は当時のものである点を断っておきたい。

## 伊藤忠の改革

　まず最初に，2000年当時の大手総合商社の概況を俯瞰した後，NHKスペシャル『直接対話が巨大商社を変える』(NHK, 2001)の流れに沿って，伊藤忠商事における改革の事例を眺めていきたい。
　現在と同じように，当時も多くの日本企業が苦しい経営状況に直面しつつあったが，総合商社もその例外ではなかった。大手総合商社8社[75]の年間売上高の合計は1990年をピークに下降傾向が続いており，2001年3月期の合計年間売上高は70兆1,060億円で，1990年3月期の120兆7,758億円と比べるとおよそ4割も低い水準に止まった。
　総合商社各社は，「商社冬の時代」[76]（熊谷, 2000, 124頁）と言われる中で，「規制緩和とIT革命の逆風」[77]（西野, 2001, 頁）を受け「減収が続く中で，総花論に見直しを迫られていると指摘されていた。そ

---

[75] 総合商社は，「日本で生まれた独自の企業形態」（日本貿易会HP）であり，「総合商社の『総合』とは，取扱分野が多方面におよぶ総合性と，多くの知恵の総合というふたつの意味」（前掲HP）がある。「これまで長い間，大手総合商社と称せられていたのは，三菱商事，三井物産，伊藤忠商事，丸紅，住友商事，日商岩井，トーメン，ニチメン，兼松の九社だったが，兼松が総合機能を失い，(2000年) 現在は『八大総合商社』になっている」（海道, 2000, 31頁, 括弧内は引用者）。
[76] 商社を介さない，いわゆる中抜きが進み，さらに「原油などの市況価格が下落したことに加えて，バブル期に抱えた不良資産や，97年9月からのアジア通貨危機によって受けた損失の処理などで，財務体質が悪化」（熊谷, 2000, 124頁）したことからこのように言われた。
[77] どちらも「仲介業である商社の役割」（西野, 2001, 144頁）を「相対的に低下」（前掲書, 144頁）させるため。特にIT革命は，メーカーとユーザーが直接取引きする電子商取引の急拡大を招いており，「商社に代表される卸売業者，仲介業者が不要」（前掲書, 147頁）となる中抜き現象を加速させている。

うした中，各社とも不採算事業の縮小や社員削減，関連会社選別などのリストラを実施，スリム化」（キャリア・ディベロップメント・センター，2001, 71頁）などを必死に進めた。一方で，高度成長経済から成熟経済へと移行する中で，総合商社は「量的拡大から質への転換」を迫られている（海道，2000, 27頁）とも言われ，総合商社各社は相次いで大胆な経営改革を宣言し，新たな方向性を模索していた。そうした流れを裏付けるかのように，2001年5月17日に出揃った大手8社の3月期連結決算では，売上高では三菱商事を除き7社が不採算事業撤退等で減収となる一方で，リストラによる収益改善効果などにより三菱，伊藤忠商事，日商岩井，トーメンの5社が当期純利益で過去最高を記録した（京都新聞HP）。

当時，商社が模索していた新しい方向性の一つは，電子商取引分野への進出であった。鉄鋼製品のネットマーケットでは，「三井物産，三菱商事の連合軍に対して，伊藤忠商事，丸紅，住友商事が提携」（海道，2000, 10頁），商社が2大グループを結成して激しい競争が展開された。三井物産は，さくら銀行[78]，東芝などと手を結んで，電子決済を行う会社を設立，三菱商事も2000年9月イー・マーチャントバンク社を設立，電子商取引市場での総合的な金融サービスの提供を開始した。

また，小売業においても「三井物産とセブン－イレブンジャパン，三菱商事，丸紅とローソン」（海道，2000, 11頁），「住友商事と西友など，大手商社と流通業の提携」（前掲書，11頁），資本参加の動きが活発化し，共同で電子商取引市場への参入を図るなど，目まぐるしい変

---

[78] 現三井住友銀行の元三井銀行側の名称。本章の最初で述べたように，この10年間で多くの日本企業が合従連衡を繰り返したが，煩雑を避けるため本章の記述は2001年当時の企業名で統一する。例えば，上で挙げたニチメンと日商岩井は，2003年度以降「双日」へと経営統合しているが，本章ではそれぞれ旧称のままで記述する。

化の嵐が吹き荒れ始めていた。

　金融ビッグバンの波に揺れる金融ビジネスへも，大手総合商社は積極的に進出していった。日商岩井が全額出資する日商岩井証券が営業を開始し，住友商事は貴金属ディーリングを統合して商品ファンドを開発販売し，三菱商事が国内最大と言われる投資ファンドを設立して大きな話題になった。

　小売業への進出と相まって，食糧ビジネスへの参入も目立った。当時，食糧ビジネスには，JT，キリンビール，オムロンなど商社に限らず異業種の参入が目立ったが，スーパーやコンビニなどと結びついた商社が同分野に参入することで，「"農外資本"が低迷する日本農業に変革の波を起こす」（海道，2000，20頁）などと騒がれたりもした。

　他にも，商社の資金力と情報力をバネにM&A仲介ビジネスへの進出，発電や電力小売事業分野への参入（例えば，トーメンの風力発電事業参入）など，将来成長が期待される分野に，総合商社は驚くべき勢いで軸足を移しつつあった。

　伊藤忠商事の動きに目を向けると，「大手総合商社の中で，BtoB向けの決済サービスで先手」（日経ビジネス，2000年12月号）を打ったのが同社であり，「帝国データバンク，ジェーシービー（JCB）など」（日本経済新聞，2000年10月4日）と提携し，両者が持つ「合計200万社程度の企業情報からネットで取引する企業の信用度を判定し，決済から代金回収まで請け負う」（日本経済新聞，2000年10月4日）との謳い文句で，1999年9月8日に安田火災グループ，第一勧業銀行，CRC総合研究所などと共同出資でイー・ギャランティー社を設立した（日経金融新聞，2000年10月16日）ほか，「介護保険制度の担い手になる在宅介護サービス事業者らを対象にした総合支援会社，ホムコムネットを3月に設立」（朝日新聞ニュース速報，2000年

2月22日）し,「介護関連の会社と提携し,伊藤忠傘下のコンビニエンスストア,ファミリーマートの店舗をサービスの拠点として活用」（朝日新聞ニュース速報,2000年2月22日）するとも発表した。金融分野では,第一勧業銀行,米マイクロソフトと共同で日本オンライン証券を設立,1999年10月からインターネットで株式の売買を仲介するオンラインブローカー業務を始めた。

　伊藤忠商事は特にネット関連子会社の設立に熱心であると言われ,「今年度内（2000年度内－引用者注）に20億-30億円を投じ,インターネット分野の関連会社を新たに20社前後設立する」（日本経済新聞,2000年8月20日）との宣言を発していた。社内公募したアイディアを基に住宅・機器販売などの業種別に新会社を設立,他の出資も募り独立運営させるとした上で,そのうち半数以上の子会社の株式公開を目指すという強気の姿勢を貫いていた（日本経済新聞,2000年8月20日）。社内からの公募のみに止まらず,同社は社外からも広く事業化できる案件を募集した。例えば,伊藤忠商事が中心となって募集したiモードビジネスコンテスト2000で最優秀ビジネス賞に選ばれた「携帯電話を使った街歩きガイド」のアイデアを,発案者との共同事業化に踏み切っている（朝日新聞,2001年1月27日）。

　新規事業を立ち上げる一方で,伊藤忠商事では「低効率・不採算資産の圧縮を加速させ,敢えてハードランディングな経営リストラを断行」（伊藤忠商事,2000,4頁）した。「2000年3月期には新規投資も進めながら,連結対象会社を175社純減し,852社」（前掲書,9頁）としている。2001年3月期には,約700社まで削減するとし（前掲書,9頁）,「2000年3月期からの2期で,単純計算で約320社が消える。今期（2001年3月期）計上予定の子会社整理損は800億円にのぼる」（日本経済新聞,2000年2月17日）とも言われていた。

伊藤忠商事では，上で述べたような激しい改革の成果が着実に現れていった。有利子負債は，1998年3月には52,492億円（伊藤忠商事, 2001, 6頁）であったが2001年3月には30,705億円（前掲書, 8頁）とおよそ40％も減り，当期純利益は売上高が減少する中で1997年度以降3期連続の赤字を脱却し，2000年度には705億円の黒字を計上するにいたった（いずれも連結ベース）。

## NHKスペシャル『直接対話が巨大商社を変える』

ここでは，上で述べてきたような激しい伊藤忠商事における改革の流れを，より伊藤忠商事に密着する形で探ってみたいと思う。そのため，NHKスペシャル『直接対話が巨大商社を変える』（NHK, 2001）に沿って，改革の流れをミクロに追いかけてみよう。本節の以下の部分はNHKスペシャル『直接対話が巨大商社を変える』の内容をまとめたものである。

年間売上高12兆円，グループ総従業員数4万人の伊藤忠商事。1本100円のミネラルウォーターから1機100億円の航空機まで扱い，何でも揃うと言われた巨大総合商社が今曲がり角に立たされている。

丹羽宇一郎氏は，伊藤忠の経営が最も厳しい時を迎えていた1998年社長に就任した。以後，大胆な改革に取り組み，伊藤忠は彼の下，3年連続の赤字から脱却。今年（2000年度），705億円の黒字を計上した。

丹羽社長はこの3年間，電子メールを使って社員に直接話し掛けてきた。繰り返し登場する言葉は，「変革」，「変えるんだ」。あるメールには，「私も率先して痛みを取る覚悟です。みんなも苦しいだろうけ

れども，我慢して欲しい」と述べられている。相次ぐ人員整理と給料カットに苦しむ社員からの直接の訴えに対して，丹羽社長は「苦しい時ほど人は育つものです。困難を前向きに捉えて欲しい。必ずリターンはあります」と返答している。

丹羽社長の直接対話は，電子メールだけに止まらない。経営トップと社員が直接対峙する休日対話集会もその一つである。そこでは経営方針から，具体的なビジネスの内容まで，ありとあらゆることが話される。集会の席上，ある中堅社員から以下のような質問が飛び出した。「社長は，"清く正しく美しく"と言われるが，それは建前であって，実際には商社というのは"形振り構わず儲けろ"というのが信条ではないのか。社長と幹部社員の間には考え方のギャップがあるように思う」。それに対して丹羽社長は次のように応じている。

「"形振り構わず儲けろ"という時代は終わったのです。武器を売っても，人を犠牲にしてでも儲けろというのが商社の仕事ではありません。今ごろ，こんな質問が出てくることを情けなく思う」。こうした休日対話集会は，朝9時から夕方5時まで休みの一日を通して行われている。これまで集会に参加した社員の総数は，3,500人に達する。

直接対話という手法を取り入れた理由を，丹羽社長は「経営トップの考え方を末端の社員にまで伝えたかったからだ」と強調する。そうしないと，「末端に伝わる頃には，トップの考え方というのは紆余曲折して最初とは全く違うものになってしまうものだ」と語る。休日集会についても丹羽社長は，「意見を言い合う。ディスカッションすること自体が大切なのだ」と言う。

丹羽社長の就任当初，伊藤忠を苦しめていたのは，多額の不良資産問題であった。丹羽社長の下，徹底的に調べられたその総額は，およそ四千億円にものぼっていた。丹羽社長はそれほど多くの不良資産が

蓄積された背景を,「正直に物を言える雰囲気がなかった」ためだと語る。「伊藤忠には対話がなかった。失敗を明らかにするとすぐに左遷させられてしまったりした。だから隠す。隠して隠して,もうどうしようもないところに来て,ついに問題が爆発するまで抱え込んでしまう」。

丹羽社長は,不良資産を一気に処理することを決めた。しかし,多くの金融機関は,何もこの時期に処理することはないのではないかと難色を示す。丹羽社長は,渋る金融機関を一社一社丹念に説得して回った。

不良資産の一括処理を決めたことは,直ちに全ての社員にメールで知らされた。「20世紀のことは20世紀に処理を終える」とはその時の丹羽社長の言葉である。社内テレビでも,丹羽社長の言葉が流された。「世間のスピードは,どのような業界でも合従連衡,ものすごいスピードで変化している。われわれには何年もかかって,重い荷物を引きずりながら,徐々に処理している余裕はない。経営の方針は受身にならず,前に撃って出ることだ」。

不良資産の処理を進めながら,丹羽社長は,15年の経営総括報告書の作成に取り掛かる。不良資産が蓄積された原因を究明し,今後同じ轍を踏まぬようにするためである。15年経営総括報告書を作成した結果,浮かび上がってきた構造は,規模だけを追求してきた総合商社伊藤忠商事の歴史であった。

自社の歴史を振り返り,丹羽社長は,何でも扱い規模を追求する経営との決別を決断する。「これからは規模ではない,効率だ」。何でも揃う総合商社伊藤忠商事は,総合商社の看板を下ろし,A&P戦略へと方向を転じる。A&PのAとはAttractive(魅力的)であり,PとはPowerful(力強い⇒儲かる)である。すなわち,将来性があり,

成長が見込める部門に，人も物も予算も集中して投資しようというものだ。

　A&P戦略で，重点投資すべしと見なされた分野は，情報産業，生活消費，金融，資源開発などである。一方で，これまで花形とみなされていた機械，不動産，建設，化学品などは，縮小すべき分野と位置付けられた。丹羽社長は「A&P戦略の真髄とは，切り捨てることだ」という。A&P戦略が成功するか否かは，丹羽社長によれば「痛みも摩擦もみんなで共有できるかどうかにかかっている」ということだ。

　しかし，一方で丹羽社長は，縮小すべきと位置付けられた分野の社員へも，「利益が上がりそうなことを考え出せるのであれば，予算をつける」と宣言した。丹羽社長は，「ワクワク，ドキドキするような仕事はみんなから出てくるものであって，上からの指示で生まれるものではない」と言う。

　縮小が決まった化学品部門の大林さんは，"合理化"と呼ばれる子会社の整理を担当している。大林さんによれば，その仕事は「達成できても楽しくない」仕事である。大林さんは，丹羽社長のメールを読んで，生分解性プラスチックを使った新規事業の立ち上げに挑む決意を固めた。

　生分解性プラスチックとは，簡単に言えば土に返るプラスチックのことである。大林さんは，この年，食品リサイクル法が施行されたことを睨んで，必ず商売になると確信したという。

　生分解性プラスチックが食品の包装に使用されてこなかったのは，その高い価格に理由があった。コンビニなどでは，弁当などをゴミとして出す場合，食品と包装容器を分別して出さなければならない。この分別作業にはコストがかなりかかる。大林さんは，生分解性プラス

チックを弁当容器に利用することで，分別せずに，かつ一括処理した産物を肥料として販売することで，コストを抑えようと考えた。このアイディアを，伊藤忠が生活消費部門を強化するため3,500億円を投入して傘下に収めたファミリーマートに持ち込んだ。しかし，まだ値段が高いとの理由で，色よい返事は得られなかった。

　日常業務と生分解性プラスチック利用推進を兼務していることの限界を感じた大林さんは，丹羽社長に直接メールを打った。「生分解性プラスチック事業を推進するため，専任組織を設置し，専任担当として欲しい」。丹羽社長からの返事は，翌日直ちに届いた。「未だ専任組織を設置するには至っていないが，never give-up！諦めずに事業化を推進して下さい」。

　丹羽社長は，社員一人一人が業務の枠を乗り越えて，新しい仕事を作り出すことで会社が変わると考えている。丹羽社長は社員に，以下のようなメールを送った。「行動の時来る。座って考えているだけでは情報にもアイディアにも行き詰まる。まず動き出して欲しい」。

　一方，情報産業は子会社の上場もあって，莫大な収益をもたらしつつあった。伊藤忠の給料体系は，固定部分と業績に連動する変動部分とから成る。変動部分は各部門の成績に比例するものの，全社的成績によって調整される。情報産業の子会社へ本社から出向した若手の社員達は，期待したよりも低い給料に不満を漏らしていた。ITに関して豊富なアイディアを持ち，子会社立ち上げのノウハウを持っている若手は，いくらでも転職先がある。現実に，多くの若手が辞めていった。急速な若手の退社に危機感を募らせた部門長は，ストックオプションの導入を，丹羽社長に提案する。

　しかし，丹羽社長の答えはノーだった。「フェアじゃない」と丹羽社長は言う。「失敗しても戻ってくればいいんだったら，フェアじゃ

ないじゃないか」。社長の言葉に部門長が言い返す。「でも，辞めてから行けと言ったら，続々と辞めてしまうのではないでしょうか」。丹羽社長は，「続々と辞めるかね？」と言い返した。

　丹羽社長によれば，「社員の報酬にあまりにも極端な差が開くのは望ましくない」。会社は，一人一人の能力を高め，それらを結びつけて高い実績を揚げるのであって，一匹狼の集まりでは成立しない。「業績を上げた個人に，極端に高い給料を支払うアメリカ型経営では，チームワークが成り立たず，いつかは行き詰まるだろう」。「サラリーマンほどいい仕事はない。というのは，チームで仕事ができるから素晴らしいんだ。みんなの力で仕事をまとめるからサラリーマンは素晴らしいんだよ」。

　大林さんは，生分解性プラスチック事業推進のためのアイディアを社内全体に求めた。丹羽社長の言葉が現実になったかの如く，社内からは続々とアイディアが集まってきた。機械部門の社員からは，生ゴミのガスで発電する装置があるという情報が提供された。農業資材部門の社員からは，大規模農場の経営者を紹介された。伊藤忠がその農場から大量に食料品原材料を購入するかわりに，肥料を納入できる展望が開けつつある。コンビニで売れ残った弁当で，肥料ができる。その際に，発電してさらには肥料が農場へと収められ，やがては食品となってまたコンビニの店頭に並ぶことになる。こうして，消費循環サイクルのあらゆる場面で商社は利益をあげることが可能となる。生分解性プラスチック事業の展開は，まさにチームワークの結晶の賜物と言えるだろう。

## 組織認識論的考察

ここでは上で述べてきた丹羽宇一郎社長を中心に進められた伊藤忠商事における経営改革について，第4章までに紹介してきた組織認識論の観点から考察を加えてみたい。

〔1〕 Eメールによる直接対話

まず最初にEメールによる直接対話という手法について考えてみよう。

丹羽氏はEメールによる直接対話という手法を取り入れた理由を大きく2つ挙げている。一つは「経営トップの考え方を末端の社員にまで伝えたかった」(NHK, 2001)からであり，そうしないと「末端に伝わる頃には，トップの考え方というのは紆余曲折して最初とは全く違うものになってしまう」(NHK, 2001)と考えたためである。もう一つは，トップの「行動や経営のことについて従業員が頻繁にメールを打ってくる」(竹中 & 丹羽, 2000)ことがトップの行動や経営のチェック機関」(竹中 & 丹羽, 2000)の役割を果たしており，その役割は「顔色を見てなにも言わない」(竹中 & 丹羽, 2000)部長などの中間管理職では果たせないと考えたからである。

最初の点について考えるならば，Eメールは社内報や社内テレビ放送[79]といったメディアに比べて，時間的，費用的および発信目標の選択的効果においてより優れたメディアである。

Weick (1978)は環境をどのように把握するかがリーダーシップの

---

[79] 伊藤忠では国内外に散在する部署すべてに社内放送を流している。

最も重要な役割であると述べている。Smircich & Morgan (1982) は、「リーダーシップとは、準拠点 (a point of reference) を生み出すこと」(Smircich & Morgan, 1982, p.258) であると主張している。Thayer (1988) はまた「リーダーとは部下が世界に"気を配る (mind)"仕方を変えたり、導いたりする人」(Thayer, 1988, p.250) であると述べている。これらはいずれもリーダーシップについて組織の認識という観点から述べたものである。こうした観点に立てば、リーダーはメンバーに対して常時かつ継続的に、① 環境からどのような手掛りを抽出し、② それをいかに解釈すべきなのかを方向付けることが任務となる。

現在のビジネス環境は激しく移り変わっている。そうした中で、上で述べたような困難な責務を担っているリーダーにとって、Eメールは絶好の道具となる。丹羽氏はそれを極めて上手く活用していると言える。

次に、ボトムからのEメールがトップの適切な認識の形成に寄与している点について考えてみよう。

遠田 (1999c) はトップの認識について以下のように述べている。

　さて、組織についてのそのトップの認識ですが、トップ層というのは、人類の行く末とか、世界情勢がどう動いているかとか、御時勢がどうの、業界動向はどうなっているのかというような、いわば大所高所から認識を形成します。しかし、その組織をめぐる認識も小所低所の現場の活動や実態から得られる状況認識いわば現場知に支えられていないと、空理空論になりかねない。ここで現場知とは、大衆はこういうふうに考えているだろう、わが社の技術ではこんなことができるだろう、消費者はこういうことを欲しているだろ

うといった現場から得られる認識です。

　現場に密着した経験に裏打ちされたそうした現場知や具体的状況についての認識の点では，トップはどうだろうか？残念ながらその答はネガティブで，多くを望めません。というのは，トップは，現場から時間的にも空間的にも，かなり離れているからです……トップは空間的に現場から離れた高いところにいます。そのため，現場の情報が生々しくは伝わってこない。せっかく伝わった情報も，いろんな階層を経てきますから，かなり歪んだ，薄められた情報が多い。そんな訳でトップは，現場知に疎くなる。

　巨大商社のトップとして，丹羽氏には日本ばかりではなく世界中の政治・経済情勢に通じていることが求められよう。また商社業界全体の動き，電子商取引の進展などにも十分気を配る必要があることは言うまでもない。しかし，同時に丹羽氏の認識が，さまざまな「現場の活動や実態から得られる状況認識いわば現場知」（遠田, 1999c）に支えられていなければ，丹羽氏の構想が単なる机上の空論に終わってしまう可能性もある。

　あのダイエーの中内㓛氏，戦後焼け野原から立ち上がり，流通革命の先頭を走りつづけてきた偉大な彼ですら，現場知に疎くなることからは逃れられなかった。創業以来ダイエーのモットーは「お客さまの声を聞く」[80]だった。しかし，2001年1月30日の取締役退任記者会見で中内氏の口から出たのは，「（ダイエーには）何でもあるが欲しいものは何もない」（朝日新聞, 2001年1月31日, 括弧内は引用者），「消費者の側に立ったサービスが徹底されていなかった」（朝日新聞, 2001年

---

80　ダイエーHP（http://www.daiei.co.jp）より。

1月31日）という言葉だった。小売業にとって最も重視すべき現場知＝「お客さまの声」から遠ざかりすぎたトップの姿がそこにあった。

トップが現場知を吸収するに当っては，Eメールの持つ①即時性と②直接性が大きな力を発揮する。変化の激しい環境下では即時性が重要であり，その意味ではEメールはこれまでの報告書類をメインとした情報システムとは比較できないほどの優位性を有している。

直接性という点については，森永（2000）の以下のような見解は傾聴に値する。

　ネットワークによる直接対話が可能になると，中間管理職がやっていた「犯罪」が次々と明らかになってくる。中間管理職は単に情報仲介をしていたわけではなかった。経営層からくる情報のうち自分にとって都合のよい情報だけを現場に伝え，自分にとって都合のよい現場の情報だけを経営層に伝えてきた。情報が選別されるだけではない。情報はしばしば歪められてきたのだ……それくらいならまだよいほうで，実際には，部下への責任転嫁と部下の手柄の横取りが日常茶飯事に行われる。それが中間管理職の立場を保持するための常套手段だったのである。ところが，ネットワーク化が進んで，情報が経営トップとの間，あるいは同僚同士の間で容易に流通するようになると，とたんに情報を歪める手法は通用しなくなる。

(森永, 2000, 67頁)

直接性の高いEメールは，せっかくの情報が「いろんな階層を経て」（遠田, 1999c），「かなり歪んだ」「薄められた情報」に陥る危険を回避してくれる。翻って，歪みのない生々しいEメール情報はトップの認識をより適切なものとしてくれるだろう。

Eメールという即時性に富んだインタラクティブなコミュニケーションツールの登場によって，比較的大きな組織のトップでも自らの変革意欲や抱負をメンバー一人一人により鮮明に訴えることが可能となった。また，Eメールによって現場からの生々しい声が直接トップに届くようにもなった。こうしたEメールによる直接対話によって，組織はこれまで以上に適切な認識を形成することが可能となり，より環境に適応できるようになったのである。

〔2〕 休日対話集会

次に丹羽氏が行っているもう一つの直接対話，朝9時から夕方5時まで休日返上で行われる休日対話集会について考えてみよう。

丹羽氏によれば，「週末に希望する社員を全員集めた大ディスカッションを定期的にやっている」（竹中 & 丹羽, 2000）のは，「意見を言い合う。ディスカッションすること自体が大切」（NHK, 2001）であり，「そこから新しいアイデアが出てくることはあまり期待していないが」（竹中 & 丹羽, 2000），「みんなが一緒に，非日常的な場を共有することが大切だ」（竹中 & 丹羽, 2000）と考えており，その場を通して「目標」（竹中 & 丹羽, 2000）と「ビジョン」（竹中 & 丹羽, 2000）を「共有することで人は働くと思っている」（竹中 & 丹羽, 2000）からだと言う。

丹羽氏が言っている"目標やビジョンを共有する"というのは，"売上目標"や"繊維輸入でシェアトップになる"とか言った比較的単純なデータだけを共有するということではないだろう。実際に休日対話集会でディスカッションの俎上に乗っていたテーマを思い返してみれば分かる。「商社というのは"形振り構わず儲けろ"というのが信条ではないのか」（NHK, 2001）というある社員の問いに対して，

丹羽氏は「"形振り構わず儲けろ"という時代は終わったのです。武器を売っても，人を犠牲にしてでも儲けろというのが商社の仕事ではありません」(NHK, 2001) と応じていた。こうしたテーマは，数値化されたような客観的データに基づいて議論されるべき性格のものではなく，むしろそれぞれの主観的な意見を戦わせて収斂させていく以外に方法の見付からない内容だろう。言わば，第4章で触れたまさに経営哲学と言うべき内容を話し合っている訳で，客観的に甲乙をつけられるような性格の問題ではない。

第2章および第4章で論じたように，客観的で比較的単純な情報の共有と，メンバーの物の見方や考え方を左右する経営理念やビジョンの共有とは分けて考えられるべきである。どちらが組織の行動ひいては命運を左右するかと言えば，後者の組織認識にかかわる問題である。

経営理念やビジョンの共有という組織認識の問題にいたれば，メディアリッチネスのディグリーが比較的高い会議やフェース・トゥ・フェースの対話が重要な役割を担っている。伊藤忠における休日対話集会は「会議や直接的対面といったリッチで人間的なメディア」(We95, 134頁) を通して「ディベートや明確化，イナクトメントを可能にしてくれる仕組み」(We95, 134頁) の役割を果たしており，Eメールなどの電子的情報交換だけでは十分に果たすことができない多義性の削減がなされる場なのである。

この事例からも，巷間ムダのように思われている会議が，実は重要な役割を果たしていることが分かってくる。今，企業は挙ってIT化を推進し，大量の情報が流れるシステム構築に莫大な投資をしている。そうして，システムに投資をすればするほど，人びとはその莫大な投資によって生み出された"先端的"情報交換システムは，会議などという"原始的"情報交換手段よりも数段優れていると思いたがる

ようになる。こうして会議を軽視し，"先端的"情報システムを信奉することは，組織の認識にとって重要な世界観の形成，共有に却ってネガティブな影響を及ぼす。

ここで休日対話集会の隠された機能を指摘しておきたい。Weick (1995) は，意味を共有するのは難しいが，経験ならば比較的容易に共有でき，活動や会話などの経験を共有することがやがては意味を共有することに繋がると述べている（We95, 248-250 頁）。なぜならば，物事の意味とは目前の事物や出来事に何らかの過去の知識や経験をあてがって形成されるものであるからである。「みんなが一緒に，非日常的な場を共有することが大切」（竹中 & 丹羽, 2000）という丹羽氏の言葉はこの辺りを含んでの上であろう。

伊藤忠では，丹羽氏の「意見を言い合う。ディスカッションすること自体が大切」（NHK, 2001），「そこから新しいアイデアが出てくることはあまり期待していない」（竹中 & 丹羽, 2000），「目標」（竹中 & 丹羽, 2000）と「ビジョン」（竹中 & 丹羽, 2000）を「共有することで人は働くと思っている」（竹中 & 丹羽, 2000）などの言葉やそこで取り上げられているテーマなどから，休日対話集会ではビジョンや物語の形成や共有を促すよう配慮されていると考えられる。この点も組織認識論的に見れば極めて理に適って優れていると言ってよい。

〔3〕 レスポンスレパートリー

続いてレスポンスレパートリーという視点から，伊藤忠における改革のメカニズムを考えてみよう。簡単に言うならば，レスポンスレパートリー[81]とは一般に人が注意や関心を向ける対象の広さを言う。

---

81 レスポンスレパートリーについて詳しくは Weick（1978）または遠田（1993）を参照されたい。

例えば，自分の専門外のことにも広く関心を持って意見を述べるような人はレスポンスレパートリーが広い。反対に，専門外のことには大した注意や関心も払わず，従って意見も述べないような人はレスポンスレパートリーが狭いと言ってよい。

　常に何かに関心を持って進んで情報を発信しているのにもかかわらず，誰からも相手にされなければ，自然と興味を抱く対象も失われていき，やがては自閉症的な自我が形成されることもありえよう。逆に，常に自分の意見が真摯に受け止められていると感じることができるだけの適切なレスポンスが確保されているならば，当人のレスポンスレパートリーは広がっていくと言えるだろう。

　レスポンスレパートリーの広い人達の例として，"エリート[82]"を挙げることができる。彼らが意見を求められる回数は，そうでない人たちに比べて格段に多いだろう。さらに，エリートが意見を求められるのは彼らの専門に限った範囲の内容についてばかりではない。経済が専門のエリートが，子育てについて意見を求められ堂々と論じているような様はテレビなどで見慣れている。彼らは，周囲の期待をよく感じ取っていて，何を聞かれても当意即妙の応答ができるよう常々心掛けているから，自ずと興味の範囲が広がらざるを得ない。同時に彼らは，自分の述べた意見に真剣な興味を寄せている人びとが存在し，程度の差こそあれ自らの意見が社会に何らかの影響を及ぼすものであることを自覚している。時には汗牛充棟もただならぬほどのレスポン

---

82　丹羽氏はレスポンスレパートリーとは別の観点からエリートの必要性を強調している。「人からそういう期待に視線を一身に浴びる」（伊丹 & 丹羽，2001, 102頁）ことで「自分を律」（前掲書，102頁）するようになり，「経営には必ず必要な」（前掲書，22頁）「ノーブリス・オブリージ」（前掲書，22頁）のように志が高く「倫理的なものに裏打ちされた」（前掲書，22頁）リーダーを育てることが「これからの日本にとって最も重要な部分だ」（前掲書，24頁）と主張している。

スを受け取ることもあるだろう。ゆえに彼らは，常々幅広く情報を摂取し，それらを自分流に解釈し整理しておこうと努めている。幅広く関心を抱いて，それらに何らかの見解を有していれば，自ら進んで意見を述べようとするようにもなろう。

このように見てくると，レスポンスレパートリーが広がるに当たっては，① 当人が情報を発信し，② それに対する適切なレスポンスが寄せられ，③ 何らかの感じ取れる変化が生ずるというプロセスを経ていることが分かる。逆に，適切なレスポンスが寄せられ，何らかの変化が生じたと実感できるならば，当人はますます情報を発信するようにもなる。

賢明なトップは，まず社員から意見が出てくるように仕向ける。上の ① 情報発信に社員を踏み切らせるのである。続いて，意見が上がってきたならば，真剣に検討し，少なくとも適切なレスポンスを返すよう心掛ける。この際，その意見が実施可能であるか否かにかかわらず，何らかの変化を予期させる内容を織り込むべきだろう。トップの反応が適切なものであるなら，社員は，さらに具体化できる方策を求めて環境内を探索し始めるようになる。

伊藤忠の事例に戻って考えてみよう。丹羽氏によれば，かつての伊藤忠は「正直に物を言える雰囲気」(NHK, 2001) ではなかった。丹羽氏は，E メールや休日対話集会による直接対話という手法を導入し，社員から活発な意見が出てくるよう刺激した。他にも丹羽氏は「辻説法」(竹中 & 丹羽, 2000) と称して，廊下や食堂などでの社員と行き当たりの対話などを行い，社内が物を言える空気になるよう努めたそうである。NHK スペシャルの中でも，若手社員数人と楽しそうに歓談しながら食事をする丹羽氏の姿が描かれていた。こうした丹羽氏の働きかけもあって，徐々に社内の空気が変わっていった。社員

からさまざまな意見が寄せられるようになってきた。

　社内の雰囲気が変わっていくのを肌で感じ取りながらも，縮小が決まった化学品部門の大林氏は，"合理化"と呼ばれる「達成できても楽しくない」仕事を任されていた。そこへ，「利益があがりそうなことを考え出せるのであれば，予算をつける」という丹羽氏からのメッセージが届いた。大林氏は化学品部門周辺の環境を探索し，リサイクル時代にマッチした生分解性プラスチックというビジネスの種を見つけ出した。大林氏は，早速事業化を検討し始め，伊藤忠傘下のファミリーマートに話を持ち込んだりもした。やがて，従来の日常業務と生分解性プラスチック事業化を兼務していることの限界を感じた大林氏は丹羽氏にメールを打った。「専任担当として欲しい」。丹羽氏からの返信は，直ちに翌日届いた。「未だ専任組織を設置するには至っていないが，never give-up！　諦めずに事業化を推進して下さい」（これだけ素早く適切な反応を返せるという一点だけを考えてみても丹羽氏の現場知が相当なものであることは確かだ）。

　丹羽氏の適切なレスポンスが大林氏をいかに勇気付けたかは想像に難くない。大林氏は諦めずに事業化を推進するが，どうにもアイディアが浮かばない。彼は伊藤忠社内全体にアイディアを求めるメールを送った。社内からは事業化にとって極めて有効なさまざまなアイディアが寄せられてきた。

　上のような流れを見てくると，丹羽氏が社員に意見を言いやすい場を提供しているだけではなく，積極的に意見を言うように仕向け，さらに上がってきた意見に対しては適切な反応を返し続けることで社員による探索の流れを中断させないようかなり配慮していることを窺い知ることができる。ここでは大林氏の活動を中心に取り上げて描写してみたが，その間にも伊藤忠では前節までに述べてきたような

Eメールや休日対話集会，辻説法などが継続して行われていたのである。大林氏の問い掛けに対して，驚くほど多数の反応が社内から寄せられたことから，伊藤忠社員全員のレスポンスレパートリーがかなり広がってきていることが分かる。社員全員のレスポンスレパートリーが広がってくると，社員間の反応が連鎖的に反応を引き起こし原子炉内の電子のごとく活性化された情報が社内を飛び交うようになる。

これまで，生分解性プラスチック事業が大林氏によって起案され事業化されていくまでの流れをレスポンスレパートリーという視点から描いてきた。次に，同事業が事業化される際に欠かせなかったもう一つの要素に視点を移して考察を進めてみよう。

〔4〕 チームワーク

いかにメンバー一人一人のレスポンスレパートリーが広がったとしても，メンバー同士が互いを信頼し，力を合わせて事を成し遂げようとする雰囲気がなければ，新たな事業というものは成立し難いだろう。仮に大林氏が社内にアイディアを求めたとしても，社員同士が強力なライバル関係にあって，他者の成功が即自分にとって不利益になるといった考え方や雰囲気が組織に蔓延していたりすれば，誰も大林氏にアイディアをもたらそうとはしない。

例えば以下に述べるような組織でも，大林氏の問い掛けに多数の回答は寄せられただろうか。前田（2000）は『実力主義という幻想―「外資」の虚像と実像』と題した著書の中で，外資系金融機関におけるすさまじいばかりの社員同士の足の引っ張り合いを描き出している。前田（2000）によれば，すべての社員が売上実績は少しでも多く自分の成果にしようと努め，逆に総費用の配分は少しでも軽くしようとぶつかり合う（例えば46-55頁）。「実績と貢献度の評価はきわめて主観

的」(前掲書, 55 頁) に行われる中で (前田, 2000, 55-57 頁), 社員同士の壮絶な死闘が繰り広げられる。死闘というのは決して大袈裟な表現ではない。なぜなら, 主観的な評価の結果, 目標が「未達の場合, 身分保障がなくなるからである」(前田, 2000, 54 頁)。「ここに『実力主義』(実績主義) 経営であるか否かにかかわらず, プレゼンテーションやパフォーマンスの重要性が出てくる」(前掲書, 57 頁)。

プレゼンテーションとパフォーマンスについては, NEW YORK TIMES (1996) に以下のような興味深い記述がある。

　オフィスでの行動が奇妙なねじれ現象を帯びてきている。ミシガン大学ビジネススクールのレスリー・パーロウ教授は, ニューヨーク州ロチェスター近くにあるゼロックスのオフィスで働く十二人のソフトウェア・エンジニアリング・チームについて研究している……彼らは会合や危機管理会議で勤務時間の大半を費やしていた。そこは彼らが自分たちの能力を喧伝する舞台になっていた。賃金支払い対象になっている仕事, すなわちソフトウェア開発に時間を使いはじめるのは, やっと午後5時を過ぎてからだった。
　　　　　　　　(NEW YORK TIMES, 1996 : 矢作訳, 41-42 頁)

すべての外資系金融機関やアメリカ中のオフィスが上のような状態だと言っている訳でもなければ, 彼らを批判している訳でもない。ただ, 上で挙げたような状態に組織が陥ってしまえば, 他者の手柄になるような協力は決してなされないだろうという点は強調しておきたい。いかに職場で多数のアイディアを求めようとしても, 何ら有効な回答は寄せられないだろう。

　Drucker (1985) は, 知識に基づくイノベーションの特徴として「科

学や技術以外の知識を含め，いくつかの異なる知識の結合によって行われる」（Drucker, 1985：訳, 177頁）と主張している。Schumperterは，「新結合（neue Kombination）」を通しての創造的破壊こそが企業家の役割であると主張している（Schumperter, 1928, 1947）。新結合とは新しい生産方法や新しい販売市場の開拓などのために，既存の知識や技術を結合利用することである（Schumperter, 1928：訳, 26-33頁）。彼らが説いているのは，知識を結合することの重要性である。

DruckerやSchumperterは主に社会的規模での知識結合の重要性を主張しているが，彼らの主張を会社規模で当てはめてみてもその妥当性は失われない。イノベーティブな新しいビジネスを生み出す種の欠片が会社の中に散在している。それらが何らかのきっかけで巡り合い，新たなビジネスの種となってはじめて大輪の花を咲かせるチャンスが生まれる。さらに変化の激しい時代には新結合は急がれなければならない。

丹羽氏は「ワクワク，ドキドキするような仕事はみんなから出てくるものであって，上からの指示で生まれるものでは」（NHK, 2001）なく，「社員一人一人が業務の枠を乗り越えて，新しい仕事を作り出すことで会社が変わると考えて」（NHK, 2001）いると述べている。さらに丹羽氏は，「サラリーマンほどいい仕事はない。というのはチームで仕事ができるから素晴らしいんだ。みんなの力で仕事をまとめるからサラリーマンは素晴らしい」（NHK, 2001）とも語っている。ストックオプション制度の導入を打診されたときにも，丹羽氏は「業績を上げた個人に，極端に高い給料を支払うアメリカ型経営では，チームワークが成り立たず，いつかは行き詰まるだろう」（NHK, 2001）として言下に退けている。これらの言葉から，丹羽氏がチームワーク

を極めて重視しており，それによって新結合によるイノベーションを惹起させようとしている姿勢を読み取ることができる。その理由として丹羽氏は，「日本はどちらかというと，（メンバーに対して）組織的な部分」（伊丹 & 丹羽, 2001, 71 頁, 括弧内は引用者）が欧米に比べて強く作用しているように思われ，「(個人的成功よりも) 日本では心とか，人と人の結びつきを大事」（前掲書, 71 頁, 括弧内は引用者）にする考え方が根強いためであると述べている。

丹羽氏の述べているチームワークが，外に対しては互いの機能的側面だけを期待して集まった戦う個人の集まり，内に向かっては手柄を競い合う"美しい"ライバル同士の集まり，そういった寒々しい集まりを前提としてはいないことは明らかであろう。丹羽氏のチームワークは，社員同士の厚い信頼関係と，互恵的協調関係を前提に展開されている。丹羽氏は，ストックオプション制度などによって過大な報酬格差がつけば，チームワークが阻害されると語っている。丹羽氏は，報酬格差拡大の刺激がもたらす個人の閃きによるイノベーションではなく，チームワークに力点をおいた知識の新結合によるイノベーションを選択したと考えてもよいだろう。

TRON の開発で名高い坂村 (2001) は，「ホンダがつくったアシモというロボット，あるいはトヨタのプリウスというハイブリッドカーは，いずれも世界の人々が注目しているものだが，『誰がつくったのか』と問われて答えられる人はどれだけいるだろうか。おそらく一般の人は，個人の名前が浮かばないに違いない。なぜか。開発が個人ベースではなく，チームで行われているからだ」（坂村, 2001, 29 頁）と述べ，「個人のスターではなく団体としての安心感を基盤とするところに日本の特性があり，長所がある」（前掲書, 29 頁）と強調している。また Vogel (1979) は，「日本の成功を解明する要因を一つだけ

挙げるとするならば，それは集団としての知識の追求ということになるだろう」(Vogel, 1979：訳, 1980, 47頁) と主張している。これらの主張は，日本の強みがチームワークにあることを述べているのに他ならない。

確かに近年アメリカに経済的成功をもたらした理由の一つとして，多大な報酬格差による競争原理に重きをおいたシステムを挙げることができよう。しかし，かつて日本に奇跡的と言われた経済的成功をもたらしたのは多大な報酬格差ではなかった。アメリカで成功したという理由だけで，過大な報酬格差を安易に日本に持ち込むことは，自らの強みであるチームワークを破壊しかねないゆえに，極めて危険であると言わざるを得ない。まして，高額な報酬に対する期待がないと人は働かないと考えるのは偏っている。大差ない報酬と安定した身分保証の基で社員同士の厚い信頼関係と，互恵的協調精神をバックにイノベーションを図るほうが，よほどわが国企業にとって現実的なのではないだろうか。

トップのリッチな現場知に基づいた反応が，現場レベルのレスポンスレパートリーを広げ，それによって新しいビジネスの種の欠片があちらこちらで見つかり始める。欠片を種とし，新しいビジネスに育んでいくのがチームワークである。

さまざまなビジネスチャンスに取り組み，部門を越えた連携が次々に芽生え始めると，部門を越えて現場知が共有されるようになる。共有された現場知によって，互いのレスポンスレパートリーは部門を超えて広がっていく。そのことが更なる欠片の発見を促し，新たなチームワークの形成へと結びついていく。チームワークの良さが更なるレスポンスレパートリーの広がりをもたらし，拡張されたレスポンスレパートリーが次々人びとをチームワークに参加させていく。新たな日

本的経営モデルが伊藤忠で幕を開けたのである。

## 新しい日本的経営モデルへ

　劇的に環境が変化する中で，企業もまた変幻自在に変化する必要に迫られている。"アジャイルコンペティション（俊敏な競争）"とはよく言ったもので，変化するスピードが遅ければ企業の存続すら覚束ない時代である。米倉（1999）は以下のように述べている。

　　技術と市場のめまぐるしい変化を迅速に捉えて，誰よりも先にデファクト・スタンダードを確立するということは，不確実性の高いビジネス機会をいかに素早く把握するかということである。極端な言い方をすれば，いったいどのような技術が一番優れていて，どのようなマーケットが一番大きいのかを事前に知らぬまま競争しなければならない。「いわば当たるも八卦，当たらぬも八卦」のような世界で競争することである。この新しい環境下で成功するには，新しい方法論が必要となった。　　　　（米倉, 1999, 231-232頁）

　このような中で，アメリカでは，ベンチャーキャピタルに支えられた多産多死型のシリコンバレーモデルが登場し，まさに「当たるも八卦，当たらぬも八卦」方式でアメリカの経済成長を牽引してきた。

　翻ってわが国ではどうだっただろうか。Vogel（2000）は，日本企業引いては日本社会全体が雇用を重視し，ゆえに変化に適応できない企業まで倒産させずに存続させてきたことが，日本社会のダイナミックな変化を妨げてきたと主張し，以下のように述べている。

アメリカの多くの企業と比べて，日本の企業には社員の面倒を見なければならないという気風と責任感がまだかなり強く残っている。例えば，1999年後期，NECは50歳以上で退職を希望する社員に対して2年間の有給休暇を提示した。それはNECの総社員数の10%に相当する1.5万人の労働者の削減を計ろうとするリストラ計画の一環であった。NECのこの計画は，中高年社員に対して通常の給料の70%を支給しながら新しい技術を習得する機会を与えようというものである。今日企業が急速な変化に対処するには新製品を開発するだけでは不十分である。ハイテク産業では，例えばXYZ社が新製品または新しいシステムを開発し生産設備を備えたとする。すると突然ABCという人物もしくは会社が，斬新なアイデアを思いつく。XYZ社は新製品の生産にかなりの投資をしたためABCによる開発に遅れずについていくための生産シフトが急にはできない。これがアメリカだと，新しい会社を立ち上げて全く新しい製品の生産と販売に乗り出すことであろう。

では，雇用の安定を図りながら既存の企業体を生かしつつダイナミックな変化を遂げる方法はあるのだろうか。この問いに関する以下の坂村（2001）の提言は傾聴に値する。

日本独自のIT戦略を考えたとき，産業界に対する具体的提言として「得意のモデルに持ち込むこと」を第一に勧めたい。そこでは，「個人で戦うのではなく，チームで戦う」という発想のもとで，日本型の社内ベンチャーシステム確立が一つのポイントになる。

(坂村, 2001, 173頁)

本章で紹介した伊藤忠商事の事例は，坂村（2001）が言うところの「個人で戦うのではなく，チームで戦う」「日本型の社内ベンチャーシステム」と言ってもよいだろう。

ここで大林氏による生分解性プラスチック事業のその後について簡単にご紹介しておきたい。伊藤忠商事広報部にお調べいただいたところによれば，生分解性プラスチック事業に対して，社内ばかりではなく社外からも大きな反響が寄せられたそうである。社内外からさまざまなアイディアが提供され，それらを有機的に結合しながら一つ一つ問題点を解決していった結果，事業化に漕ぎ着けることができたそうだ。現在では外食産業で使用される分別収集用ゴミ袋への利用も計画されているとのことである。外食産業で生分解性プラスチックのゴミ袋に分別収集された生ゴミは，そのまま処理プラントに運ばれ肥料化される。こうして出来あがった肥料は伊藤忠の契約農場へと届けられる。農場ではこの極めて安全な有機肥料だけを使って野菜を栽培する。出来あがった野菜は「こだわりの野菜」として店頭に並ぶ。

丹羽氏は，「従業員の幸せを考えている点で日本企業は海外の企業に勝っており，従業員の生き甲斐や幸せが一つの起爆力となって会社を動かしていき，日本企業は必ず立ち直ると考える」（竹中 & 丹羽，2000）と主張している。社員が安心感を持って知恵を出し合い，協力し合いながら社内ベンチャーを立ち上げて行く。丹羽氏によれば，「感動を共有するから日本的資本主義は強い」（伊丹 & 丹羽，2001，71頁）のである。闇雲にアメリカの真似ばかりをするよりも，日本に合ったモデルというものを研究し，それを合時代的に捉え直して運用した方が，わが国企業の多くはうまく行くのではないだろうか。

## おわりに

　本書では，K. E. Wecik が提示した組織の認識に関する理論を，歴史的，理論的に検討することで，組織認識論の基礎理論とでも言うべき世界を逍遥してきた。第5章では事例研究を行ったものの，第5章の内容はあくまでも第4章までの理論をより分かりやすく説明することに重きが置かれていた。

　組織認識論の実践的応用展開への方策は本シリーズ第2巻に譲るが，第1巻を締めくくるに当たって，これまでの議論に基づいて3つばかり実践的な提言を掲げておきたい。

### 1. 対面会議を軽視してはいけない

　対面会議はメディアリッチネスのディグリーが極めて高いコミュニケーションチャネルである。今，人びとが最も真剣に立ち向かわなければならないのは不確実性の問題ではなく，多義性の問題である。

　ところが実際は，IT 化に莫大な投資をすればするほど，自らが紡いだ世界に囚われ，人びとは大量の情報を生み出してくれるテクノロジーがすべてを解決してくれると思い込もうとしている。目の前にある問題すべてを不確実性の問題として捉えようとしてしまうのである。

　目の前で起こっていることの意味が分からなければ（何が問題かも分からないことが多い），IT 化によって容易に入手できるようになった大量の情報は状況を却って混乱させるだけである。

第5章で述べたように，伊藤忠商事では丹羽宇一郎氏が社長に就任後，Eメールによるトップとロワーの直接対話を積極的に推し進める一方で，休日に多くの社員が参加する対話集会を実施し続けている。彼らはITがもたらしてくれた恩恵を享受しながら，その短所を補う術を心得ている。勿論，彼らが休日対話集会で話しているのは，売上高などの会計データなどではない。一例を挙げれば，「人を殺してでも儲けるのが商社ではないのか」とのある社員の問いに，丹羽氏は「今頃，そんな質問が出てくること自体が情けない。そういう考えは今後断じて禁ずる」と応じていた。彼らは経営哲学を語り合っているのである。休日対話集会は，素晴らしい認識共有の場となっている。

## 2. どうしようもないときは経験を共有せよ

　常識を共有するということは，意味を共有することである。意味は多くの場合，経験に従って付与される。何をしてよいか，何をしたらいけないのかは賞罰を通じて経験として蓄えられる。目前の事象を，この経験のフレームの中においてみて，それが何を意味するのかが分かる。

　直接的に意味を共有しようとすると大変な困難に出会う場合も少なくない。しかし，経験ならばそれほどの困難もなく共有することができる。共通経験が増えれば，意味が経験のフレームに基づいて付与される以上，やがては意味が共有されるようになるだろう。常識とは「共通の感覚器官とかなり共通の経験ゆえに客観的だと人びとが同意する事柄」（R. L. Munroe, 1955, p.356）なのである。

　長らく一緒に暮らしてきた夫婦は，風に花びらが散ったのを見ても，互いの目を見合うだけで相手の気持ちを察することができる。物の分かった上司は，くどくどと言葉で説明しようとせずに休日に部下

を釣りに誘うこともある。ノミニケーションを馬鹿にしてはいけない。

## 3. マネジメントは行為，意思決定よりも認識レベルで行え

　Perrow（1986）は，組織には3種類の管理があるといっている。直接的な監督による第1次コントロール，プログラムやルーティンによる第2次コントロール，意思決定を下すときに用いる諸前提に影響を及ぼす第3次コントロールである。

　分かりやすく言えば，第1次コントロールとは行為を直接管理することで，学生の脇で鞭をもって監督しながら計算練習をさせるというのがこれである。第2次コントロールでは行為に先立つ意思決定を管理しようとする。第2次コントロールは計画によるコントロールなどとも呼ばれることからも分かるように，進捗状況や計画レベルにおける管理である。第3次コントロールは，意思決定よりもさらに先立つ諸前提を管理しようとする。言ってみれば，認識レベルのコントロールであり，物の見方や考え方を管理する。やりすぎると，某教団のマインドコントロールと皮一枚だが，第1次コントロールのように直接監督する必要もなければ，第2次コントロールのようにいかなる決定をしているかをチェックする必要もない。一人で大人数を管理するときなどは第3次コントロールが一番効率的で効果的である。いずれが目立たないかといえば，第3次コントロールである。ちょっと見ただけでは，本人が誰に管理されているかも見当がつかない。本人ですら気づかない場合もある。ネットワーク時代に最も必要とされる自律的，自発的行為を導出したいのであれば，第3次コントロールが最も有効である。

第2巻ではここで挙げたような実践的提言を多数提示する。
乞うご期待。

平成22年3月末日

髙橋　量一

## 参考文献

飯野春樹 (1979)『バーナード　経営者の役割』有斐閣。
伊丹敬之&丹羽宇一郎 (2001)『まずは社長がやめなさい』四谷ラウンド。
伊藤忠商事 (2003)『アニュアルレポート 2002』伊藤忠商事（株）編。
伊藤忠商事 (2001)『株主のみなさまへ―事業報告書　第 77 期―』伊藤忠商事（株）編。
稲垣保弘 (2002)『組織の解釈学』白桃書房。
遠田雄志 (1990)『あいまい経営学』, 日刊工業新聞社。
遠田雄志 (1995)「いま, なぜ, ワイクなのか?」法政大学『経営志林』第 32 巻第 2 号。
遠田雄志 (1997)『私, あいまい系です』, 同朋舎。
遠田雄志 (1998a)『グッバイ！ミスター・マネジメント』文眞堂。
遠田雄志 (1998b)「点と線と図―カール・ワイクの世界(1)―」法政大学『経営志林』第 35 巻第 3 号。
遠田雄志 (1999a)「けったいな！―カール・ワイクの世界(2)―」法政大学『経営志林』第 35 巻第 4 号。
遠田雄志 (1999b)「合理主義のパラドックス」法政大学『経営志林』第 36 巻第 3 号。
遠田雄志 (1999c)「映画『八甲田山』に見るミドルの役割」法政大学産業情報センター『グノーシス』第 8 巻。
遠田雄志 (2001)『ポストモダン経営学』文眞堂。
遠田雄志 (2002a)[i]「組織の適応理論（Ⅰ）」法政大学『経営志林』第 39 巻第 1 号。
遠田雄志 (2002b)[ii]「組織の適応理論（Ⅱ）」法政大学『経営志林』第 39 巻第 2 号。
遠田雄志 (2002c)[iii]「組織の適応理論（Ⅲ）」法政大学『経営志林』第 39 巻第 3 号。
遠田雄志 (2005)『組織を変える＜常識＞　適応モデルで診断する』中公新書。
遠田雄志・高橋量一 (2000)「東海村臨界事故―その組織認識論的考察―」法政大学産業情報センター『グノーシス』第 9 巻。
小笠原英司 (2005)「経営学と経営哲学」経営哲学学会関東部会配布資料。
海道守 (2000)『商社』実務教育出版。
加護野忠男 (1988)『組織認識論』千倉書房。
岸田民樹 (1985)『経営組織と環境適応』三嶺書房。
岸眞理子 (1990)「組織の情報化戦略に向けて―分析基軸としての不確実性と多義性―」早稲田商学第 366 号。
キャリア・ディベロップメント・センター (2001)『図解　企業グループと業界地図』。
熊谷勝行 (2000)『スーパー図解　パッと頭に入る企業再編地図』実業之日本社。
経営哲学学会編 (2003)『経営哲学とは何か』文眞堂。
後藤将之 (1991)「解説　ハーバート・ブルーマーの社会心理学」(H. ブルーマー『シンボリック相互作用論―パースペクティブと方法―』勁草書房)。
坂下昭宣 (2002)『組織シンボリズム論―論点と方法―』白桃書房。
坂村健 (2001)『情報文明の日本モデル, TRON が拓く次世代 IT 戦略』PHP 研究所。
佐々木力 (1985)『科学革命の歴史構造　上・下』岩波新書。

## 参考文献

高橋正泰（1998）『組織シンボリズム―メタファーの組織論―』同文舘。
高橋正泰・山口善昭・磯山優・文智彦（1998），『経営組織論の基礎』，中央経済社。
髙橋量一（2001）「リーダーシップ―その組織認識論的考察―」法政大学大学院『企業家養成コース研究成果集 2000』。
髙橋量一（2005）「ESR モデル再考」亜細亜大学『経営論集』第 40 巻第 1・2 号合併号。
髙橋量一（2007a）「HRO 理論が提示する 5 つのプロセスに関する考察」亜細亜大学『経営論集』第 43 巻第 1 号。
髙橋量一（2007b）「柏崎刈羽原発直下型地震―その組織認識論的考察―」亜細亜大学『経営論集』第 43 巻第 2 号。
竹中平蔵・丹羽宇一郎（2000）「21 世紀のエクセレントカンパニーの条件」『週間エコノミスト 10/17 号』新潮社。
田島壮幸（1997）『経営学用語辞典』税務経理協会。
遠山暁・村田潔・岸真理子（2003）『経営情報論』有斐閣。
東洋経済（1999）『全図解 日本のシェアと業界地図』東洋経済新報社。
西野武彦（2001）『図解 業界のしくみ』PHP 研究所。
前田泰樹・水川喜文・岡田光弘編（2007）『エスノメソドロジー』新曜社。
前田良行（2000）『実力主義という幻想―「外資」の虚像と実像』時事通信社。
三戸公（2002）『管理とは何か』文眞堂。
村上陽一郎（1974）『近代科学を超えて』日本経済新聞社。
森永卓郎（2000）『リストラと能力主義』講談社。
好井裕明（1987）「『あたりまえ』へ旅立つ―エスノメソドロジーの用語非解説風解説」（ハロルド・ガーフィンケル他『エスノメソドロジー―社会学的思考の解体―』せりか書房）。
NHK 取材班編（1993）『敵を知らず己を知らず』角川書店。
Barnard, C. I. (1938). *The Functions of Executive.* Harvard University Press.（山本安次郎・田杉競・飯野春樹訳（1968）『経営者の役割』ダイヤモンド社。）
Blumer, H. (1969). Symbolic Interaction: Perspective and Method. Prentice-Hall.（後藤将之訳（1991）『シンボリック相互作用論』勁草書房。）
Boulding, K. E. (1956). General Systems Theory-The Skeleton of Science. *Management Science*, 2-3, pp.197-208.
Boulding, K. E. (1968). General Systems Theory-The Skeleton of Science. *Modern Systems Research for the Behavioral Scientist.* Aldine Publishing.
Buckley, W. (1968). Society as a Complex Adaptive System. *Modern Systems Research for the Behavioral Scientist.* Aldine Publishing.
Burns, T., & Stalker, G. M. (1961). *The Management of Innovation.* Tavistock.
Burrell, G., &Morgan, G. (1979). *Sociological Paradigms and Organisational Analysis: Elements of the Sociology of Corporate Life.* Heinemann.（鎌田伸一・金井一頼・野中郁次郎訳（1986）『組織理論のパラダイム―機能主義の分析枠組―』千倉書房。）
Campbell, D. T. (1965). Variation and Selective Retention in Socio-Cultural Evolution. in H. R. Barringer, G. I. Blanksten, & R. Mack (eds.), *Social Change in Developing Areas*. Schenkam.
Cohen, M. D. & March, J. G. (1974). *Leadership and Ambiguity.* McGrawHill.
Cyert, R. M., & March, J. G. (1963). A Behavioral Theory of the Firm. Prentice-Hall.（松田武彦監訳，井上恒夫訳『企業の行動理論』，ダイヤモンド社，1967 年。）

Czarniawska-Joerges, B. (1992). *Exploring Complex Organizations: A Cultural Perspective.* Sage.

Daft, R. L., & Lengel, R. H. (1984). Information Richness: A New Approach to Managerial Behavior and Organization Design. *Research in Organizational Behavior*, Vol.6, pp.191-233. Greenwich.

Daft, R. L., & Lengel, R. H. (1986). Organizational Information Requirements, Media Richness, and Structural Design. *Management Science*, 32, pp.554-571.

Daft, R. L., Lengel, R. H., & Trevino, L. K. (1987). Message Equivocality, Media Selection, and Manager Performance: Implications for Imformation Systems. *MIS Quarterly*, pp.355-366.

Deal, T. E., & Kennedy, A. A. (1982). *Corporate Cultures: The Rites and Rituals of Corprate Life.* Addison-Wesley. (城山三郎訳 (1997)『シンボリック・マネージャー』岩波書店)

deBono, E. (1969). The Mechanism of Mind. Penguin. (箱崎総一・青井寛訳 (1972)『頭脳のメカニズム』講談社ブルーバックス)

Denzin, N. K. (1970). *Sociological Methods.* Aldine.

Drucker, P. F. (1993). *Innovation and Entrepreneurship.* Harper & Row. (上田惇生訳 (1997)『[新訳] イノベーションと起業家精神 (上・下)』ダイヤモンド社。)

Fuentes, C. (1990). *Myself with Others.* Farrar, Straus, Giroux.

Galbraith, J. R. (1973). *Designing Complex Organizations.* Addison-Wesley. (梅津祐良訳『横断組織の設計』, ダイヤモンド社, 1980年。)

Garfinkel, H. (1963). A Conseption of, and Experiment with, "Trust" as a Condition of Stable Connected Actions. in O. J. Harvey (ed.), *Motivation and Social Interaction.* Ronald.

Garfinkel, H. (1968). The Origin of the Term "Ethnomethodology". in R.Turner (ed.) *Ethnomethodology*, Penguin, 1974 (originally published as Purdue Symposium on Ethnomethodology, 1968). (山田富秋・好井裕明・山崎敬一訳 (1987)「エスノメソドロジー命名の由来」『エスノメソドロジー——社会学的思考の解体』せりか書房, 5-8 頁。)

Garfinkel, H. & Sacks, H. (1969). On Formal Structures of Practical Actions. J. C. McKinney & E. Tiryakian (eds.) *Theoretical Sociology.* Garfinkel, H. (1986). Appleton-Century-Crofts. *Ethnomethodological Studies of Work.* R. K. P. (山田富秋・好井裕明・山崎敬一訳 (1987)『エスノメソドロジー——社会学的思考の解体』せりか書房, 297-310 頁。)

Goffmann, (1959). The Presentation of Self in Everyday Life. Doubleday & Co. (石黒毅訳 (1974)『行為と演技—日常生活における自己呈示—』誠信書房。)

Gorbachev, M. (1991). *The August Coup.* (福田素子訳 (1991)『世界を震撼させた三日間』徳間書店。)

Huber, G. P., & Daft, R. L. (1987). The Information Environments of Organizations. in F. M. Jablin, L. L. Putnam, K. H. Roberts, & L. W. Porter (eds.), *Handbook of Organizational Communication.* Sage.

von Krogh, G & Roos, J (1995). *Organizational Epistemology.* Palgrave Macmillan. (髙橋量一・松本久良訳 (2010)『オーガニゼーショナル・エピステモロジー』文眞堂。)

Lawrence, P. R., & Lorsch, J. W. (1967). *Organization and Environment: Managing Differentia*

*and Integration*. Havard Business School, Division of Research. (吉田博訳『組織の条件適応理論』, 産業能率短期大学出版部, 1977 年。)
Louis, M. R., & Sutton, R. I. (1991). Switching Cognitive Gears: From Habits of Mind to Active Thinking. *Human Relations*, 44, pp.55-76.
Mandler, G. (1994). *A Primer on Decision Making*. Free Press.
Maruyama, M. (1963). The Second Cybernetics: Deviation-Amplifying Mutual Causal Processes. *American Scientist*, 51, pp.164-179.
Mead, G. H. (1956). *The Social Psychology of George Herbert Mead*. University of Chicago Press.
Mintzberg, H. (1989). *Mintzberg on Management*. Free Press. (北野利信訳 (1991)『人間感覚のマネジメント—行き過ぎた合理主義への抗議』ダイヤモンド社。)
Munroe, R. L. (1955). *Schools of Psychoanalytic Thought*. Holt.
New York Times (1996). *The Downsizing of America*. The New York Times Company. (矢作弘訳『ダウンサイジング オブ アメリカ』, 日本経済新聞社, 1996 年。)
Perrow, C. (1970). *Organization Analysis: A Sociological View*. Wadsworth. (岡田至雄訳『組織の社会学』, ダイヤモンド社, 1973 年。)
Perrow, C. (1983). The Organizational Context of Human Factors Engineering. *Administrative Science Quarterly*, 28, pp.521-541.
Pollner, M. (1975). The Very Coinage of Your Brain: The Anatomy of Reality Disjuncture. *The Philosophy of Social Science* 5, 1975. (山田富秋・好井裕明・山崎敬一訳 (1987)「お前の心の迷いです—リアリティ分離のアナトミー」『エスノメソドロジー—社会学的思考の解体』せりか書房, 39-80 頁。)
Raven, B. H., & Eachus, H. T. (1963). Cooperation and Competition in Meansinterdependent triads. *Journal of Abnormal and Social Psychology*, 67, pp.307-316.
Ring, P. S., & Van de Ven, A. H. (1989). Sensemaking, Understanding, and Committing: Emergent Interpersonal Transaction Processes in the Evolution of 3M's Microgravity Research Program. in A. H. Van de Ven, H. L. Angle, & M. S. Poole (eds.), *Reserch on the Management of Innovation: the Minnesota Studies*. Ballinger.
Sacks, H. (1979). Hotrodder: A Revolutionary Category. in G. Psathas (ed.) *Everyday Language: Studies in Ethnomethodology*. Irvington Publisher. (山田富秋・好井裕明・山崎敬一訳 (1987)「ホットローダー—革命的カテゴリー」『エスノメソドロジー—社会学的思考の解体』せりか書房, 9-18 頁。)
Schroeder, R. G., Van de Ven, A., Scudder, G. D., & Polley, D. (1989). The Development of Innovation Ideas. *Research in the Managemant of Innovation: The Minnesota Studies*, pp.107-134. Ballinger.
Schumpeter, J. A. (1928). Unternehmer. *Handwörterbuch der Staatswissenschaften*. (清成忠男訳『企業家とは何か』, pp.1-51, 東洋経済新報社, 1998 年。)
Schumpeter, J. A. (1947). The Creative Response in Economic History. *Journal of Economic History*, Nov., 1947. (清成忠男訳『企業家とは何か』, pp.85-107, 東洋経済新報社, 1998 年。)
Schutz, A. (1932). *Der Sinnhafte Aufbau der Sozialen Welt*. Heinemann. (佐藤嘉一訳 (1997)『社会的世界の意味構成』木鐸社。)
Schutz, A. (1964). *Collected Papers* II, *Studies Theory*. The Hague. (桜井厚訳 (1980)

『現象学的社会学の応用』御茶の水書房。)
Schutz, A. (1967). *The Phenomenology of the Social World*. Northwestern University Press.
Schutz, A. (1970). *On Phenomenology and Social Relations*. University of Chicago Press. (森川眞規雄・浜日出夫訳 (1980)『現象学的社会学』紀伊国屋書店。)
Scott, W. G., Mitchell, T. R., & Birnbaum, P. H. (1981). *Organization Theory: a Structual and Behavioral Analysis* (4th ed.). Richard: D. Irwin. (鈴木幸毅監訳 (1985)『組織理論―構造・行動分析―』八千代出版。)
Scott, W. R. (1987). *Organizations: Rational, Natural, and Open Systems* (2nd ed.). Prentice Hall.
Silverman, D. (1970). *The Theory of Organizations*. Heinemann.
Smith, D. (1978). K is Mentally Ill.: The Anatomy of a Factual Account. Sociology, 12, vol 1. (山田富秋・好井裕明・山崎敬一訳 (1987)「K は精神病だ―事実報告のアナトミー」『エスノメソドロジー―社会学的思考の解体』せりか書房, 81-154 頁。)
Simon, H. A. (1957). *Administrative Behavior: A Study of Decision-Making Process in Administrative Organization* (2nd ed.). Macmillan. (松田武彦・高柳暁・二村敏子訳 (1965)『経営行動』ダイヤモンド社。)
Simon, H. A. (1977). *The New Science of Management Decision*. Prentice-Hall. (稲葉元吉・倉井武夫訳『意思決定の科学』, 産業能率大学出版部, 1979 年。)
Smircich, L., & Morgan, G. (1982). Leadership: The Management of Meaning. *Journal of Applied Behavioral Science*, 18, pp.257-273.
Smircich, L., & Stubbart, C. (1985). Strategic Management in an Enacted World. *Academy of Managemanet Review*, 10, pp.724-736.
Starbuck, W. H. (1976). Organizations and their Environments. in M. D. Dunnette (ed.), *Handbook of Industrial and Organizational Psychology*. pp.1069-1123. Rand.
Stinchcombe, A. L. (1990). *Information and Organizations*. University of California Press.
Stopford, J. M. & Wells, Jr., L. T. (1972). *Managing the Multinational Enterprise*. Basic Books. (山崎清訳『多国籍企業の組織と所有政策』, ダイヤモンド社, 1976 年。)
Thayer, L. (1988). Leadership/Communication: A Critical Review and a Modest Proposal. in G. M. Goldhaber & G. A. Barnett (eds.), *Handbook of Organizational Communication*. Norwood, NJ: Ablex.
Thompson, J. D. (1967). *Organizations in Action*. McGraw-Hill. (高宮晋監訳『オーガニゼーション イン アクション』, 同文舘, 1987 年。)
Vogel, E. F. (1979). *Japan As Number One: Lessons For America.'79*. Harvard University Press. (広中和歌子・木本彰子訳『ジャパンアズナンバーワン―アメリカへの教訓』, TBSブリタニカ, 1980。)
Waterman, R. H., Jr. (1990). *Adhocracy: The Power to Change*. Whittle Direct Books.
Watzlawick, P. (1976). *How Real is Real?* Random House. (小林薫訳 (1978)『あなたは誤解されている―意思疎通の技術―』光文社。)
Weick, K. E. (1978). The Spines of Leaders. in M. W. McCall & M. M. Lombard (eds.), *Leadership: Where Else Can We Go?* Duke University Press.
Weick, K. E. (1979). *The Social Psychology of Organizing* (2nd ed.). Addison-Wesley. (遠田雄志訳 (1997)『組織化の社会心理学 第2版』文眞堂。)

Weick, K. E. (1995). *Sensemaking in Organizations*. Sage. (遠田雄志・西本直人訳 (2001)『センスメーキング イン オーガニゼーションズ』文眞堂。)
Westley, F. R. (1990). Middle Managers and Strategy: Microdynamics of Inclusion. *Strategic Management Journal*,11, pp.337-351.
Westrum, R. (1982). Social Intelligence about Hidden Events. *Knowledge*, 3 (3), pp.381-400.
Wiley, N. (1988). The Micro-Macro Problem in Social Theory. *Sociological Theory*, 6, pp.254-261.
Woodward, J. (1965). *Industrial Organization: Theory and Practice*. Oxfrod University Press. (矢島鈞次,中村壽雄共訳『新しい企業組織』,日本能率協会,1970年。)

**参考視聴覚資料**
NHK (2001),『NHK スペシャル 直接対話が巨大商社を変える』, NHK 総合テレビ, 2001年6月3日放送。


**参考 Web サイト**
朝日ネット (朝日新聞社) HP : http://www.asahi-net.or.jp/
伊藤忠商事 (株) HP : http://www.itochu.co.jp/
京都新聞 HP : http://www.kyoto-np.co.jp/
帝国データバンク HP : http://www.tdb.co.jp/
ダイエー HP : http://www.daiei.co.jp/
日本貿易会 (Japan Foreign Trade Council, Inc.) HP : http://www.jftc.or.jp/
リクルートワークス研究所 (2003) HP : http://www.works-i.com/works_network/0301/
NIKKEINET HP : http://www.nikkei.co.jp/

---

i 遠田雄志 (2002a) および遠田雄志 (2002b), 遠田雄志 (2002c) はこれら3本で一つの論文を構成している。本文中ではこれら3本を纏めて遠田 (2002) と表示した。
ii 同上。
iii 同上。

# 人名索引

## 外国人名

### 【A】
Allport 62
Argyris 17

### 【B】
Barnard 6, 7, 8, 10, 13, 14, 23, 30, 32, 33, 61, 110
Blake & Mouton 6
Blumer 94, 95, 96, 100, 103
Boulding 15
Buckley 104
Burell & Morgan 80, 84, 103
Burns & Stalker 22, 33

### 【C】
Campbell 68
Cohen & March 63
Czarniawska-Joerges 109

### 【D】
Daft 34
Daft & Lengel 28
Deal & Kennedy 65, 114
deBono 53, 54, 123
Denzin 105
Drucker 48, 49, 50, 52, 112, 153

### 【F】
Fayol 5, 16,
Ford 5
Fuentes 113, 115

### 【G】
Galbraith 23
Garfinkel 45, 59, 91, 92, 103
Garfinkel & Sacks 93
Goffmann 101
Gorbachev 67, 69

### 【H】
Huber 34
Huber & Daft 35, 38

### 【K】
Krogh & Roos 105

### 【L】
Lawrence & Lorsch 19, 21, 22
Lengel 34
Likert 6
Louis & Sutton 47, 50, 112

### 【M】
Mandler 47, 50, 112
Maruyama 70
Maslow 17
Mayo 6
McGregor 6
Mead 58
Miller & Buckhot 99
Mintzberg 58, 60

### 【P】
Pepinsky 59
Perrow 23, 108
Pollner 91, 92

## 人名索引

### 【R】
Raven & Eachus　37
Ring & Van de Ven　114
Roethlisberger　6

### 【S】
Sacks　91, 92
Schall　76
Schroeder, Van de Ven, Scudder & Polley　46, 50, 73, 112
Schumperter　154
Schutz　57, 86, 87, 88, 89, 90, 100, 101, 103
Scott　27
Scott 等　60
Shutz　58
Silverman　84
Simon　10, 11, 12, 14, 23, 32, 33, 61, 75, 76, 108
Smircich & Morgan　143
Smircich & Stubbart　28, 32, 78, 109, 110
Smith　92
Starbuck　111
Starbuck & Milliken　109
Stinchcombe　33

### 【T】
Taylor　4, 5, 16,
Thayer　143
Thomas, Clark & Gioia　109
Thompson　23

### 【V】
Vogel　155, 157

### 【W】
Waterman　38, 109
Weber　16
Weick　3, 19, 28, 29, 31, 32, 33, 36, 37, 50, 55, 71, 78, 80, 104, 105, 106, 107, 108, 114, 117, 126, 142
Westley　2, 31, 37, 109, 110
Westrum　39, 40, 51
Wiley　30, 74
Woodward　22

### 日本人名
稲垣　13, 21, 22, 63, 102
遠田　17, 28, 29, 45, 53, 54, 66, 74, 78, 102, 143
小笠原　126
海道　133
加護野　22, 24
岸　22, 23
熊谷　132
厚東　126
後藤　85
坂下　86, 87, 91, 92, 97, 105
坂村　155, 159
佐橋　111
高橋&山口他　16, 19, 83, 85
竹中・丹羽　146, 148
遠山・村田・岸　35
中内功　144
西野　132
丹羽宇一郎　131, 136, 142
前田　152
前田・水川・岡田　92, 93
三戸　13
村田　125, 126
村山　126
森永　145
矢作　153
好井　91
米倉　157

# 事項索引

## 欧文

ESR モデル　28, 29, 38, 40, 50, 53, 64, 71, 73, 80
E メール　128, 142, 143, 145
IT 化　125, 128, 129, 130, 147, 160
X 理論・Y 理論　6

## 和文

### 【ア行】

アイデンティティ　39, 53, 69, 121, 130
あいまい　36
アンケート　20
安定性　56, 64, 69, 112, 117
アンビバレントな状態　71, 72
閾値　50, 72, 79
　——への障碍　79
意思決定　10, 11, 15, 17, 25, 54, 80
　——前提　11, 12, 14
　——のシステム　15
一連の身近な知識　93
逸脱—増幅ループ　70
伊藤忠　131
イナクトされた環境　40, 51, 52, 69, 98, 100
イナクトしうる環境　41
イナクトメント　29, 35, 40, 42, 45, 51, 64, 101, 147
意味形成　21, 27, 41, 86
意味付与　27
意味連関　88, 93, 97, 98
因果マップ　52, 54, 98
インターネット　62
インフォーマルなコミュニケーション　76, 75
うわさ話　76
エコロジー・モデル　16
エスノメソドロジー　91, 92, 93, 94

エリート　149
オーソリティー　11
驚き　39
オープン・システム　17, 26, 41
オペレーションズ・リサーチ　26

### 【カ行】

改革解放　66
会議　147
回顧　39, 60, 61, 63, 64, 88, 114
　——性　57
　——的意味形成　88
解釈　19, 21, 30, 65
　——主義　80, 81, 83, 85, 86, 92, 96, 102
　——主義者　82, 105
階層性　11
科学的管理法　4, 6
課業　4
囲い込み　42, 97, 101
ガソリンの王子　43
価値前提　11, 12
歌舞伎　65
環境　20, 22, 39, 42, 44
　——決定論　82
　——創造性　44, 52, 102
間主観性　30, 74, 106, 107
　——のイノベーション　33, 55, 108
管理科学　12
管理活動　5
管理過程論　5, 21
管理の一般原則論　5
官僚　23
機械的な管理システム　22
技術システム　18
気づき　41
機能　84

事項索引　173

――主義　81, 83, 96
――主義者　82, 105
――主義の限界　84
客観　81
――主義　82, 96
――的かつレギュレーション　81
――的環境　20
休日対話集会　146
教育　73
共通目的　7
協働　7
――体系　8
均衡　8
近代的組織論　23
クリーク　75, 78
クローズド・システム　25, 42, 69, 118
訓練　11
経営組織論　1, 4, 16
経営哲学　125, 127, 147
経験主義　84
経験のスキーム　87
経済人　18
――モデル　6
芸術的感覚　9
決定論　82
権限受容説　13
現実主義者　103
現象学的社会学　86, 87, 91, 94
現場知　144
コア　106, 115
行為　2, 15, 25, 44, 66, 80
――閾（action thresholds）の刺激　46, 50, 73, 112
――そのもの　5, 6, 9
――のシステム　15
――の複合的・連鎖的集合体　3, 7
工芸制作　59
貢献　7
――意欲　7
構造機能主義　85
公的コミュニケーション　73, 74
行動科学　6, 17, 27
合理　16, 17, 27, 84

――性　11
――性モデル　16, 17
互解　73, 74, 78
個人的動機　7
個性記述的　92
――立場　81
コミュニケーション・コスト　116, 117, 118
コンティンジェンシー理論　17, 18, 19, 21, 22, 83
コンピューター　24
――・メタフォリカル　17, 26, 27
混乱　35

【サ行】

茶道　65
サブ・システム　14
差別的出来高給制　4
指示 indicate　97, 100
事実前提　11
システム　14
――　4　6
――理論　70
実在論　82, 95
実証主義　82, 84
――的　85
質的情報　106, 118
私的コミュニケーション　73, 74
社会システム　18
社会人　18
――モデル　6
社会的構造感　93, 97
社会的直接世界　90
主意主義　81, 82
周縁　106, 115
習慣化された行為パターン　31
習慣のなれ合い　68, 112
集合的"われわれ"　77
集主観性　30, 53, 65, 74, 106, 107, 111
――のコントロール　32, 55, 69, 108
柔軟性　56, 64, 112, 117
修復　93
主観　81, 83
――主義　81

174　事項索引

――主義者　103
――的かつレギュレーション　81
受容　9
純粋持続　57, 58, 88
上位権限説　13
上下一貫して調整　9
常識　45, 73, 74, 78
情報処理モデル　22, 23, 24, 83
助言と情報　11
諸兆候の表現の場　90
ショック　46, 50, 72, 112
人的互換性　31, 107, 108, 111
シンボリック相互作用論　94, 96, 101
シンボリック・モデル　16, 18, 19
生産　25
生態学的変化　40, 50
制約された合理性　17
ゼリーモデル　53, 123
センスギビング　27
センスメーキング　27, 28, 33, 38, 41, 46, 50, 73, 108, 109, 111
センスメーキングの契機　29, 46, 49, 56, 73, 112
前提コントロール　108
総合商社　132
相互作用の口実　60
相互連結行動　37, 62
ソシオ・テクニカル・モデル　16, 18
組織化　41
――(organizing)　3, 38
組織均衡論　7
組織的活動　3, 4
組織への忠誠心　11
存在論上のふらつき　105

【タ行】

第1次コントロール　108, 162
大艦巨砲主義　25
第3次コントロール　108, 162
第2次コントロール　108, 162
他我の一般定立　86
多義　24, 28, 33, 34, 38, 51, 53, 116, 118
他者理解　86

チームワーク　152, 155
抽出された手掛り　65
中心性の誤謬　40, 51
超主観性　30
調整　3, 15, 107
――された行為　3, 7
調和　9, 15
辻説法　150
強い文化　65
定性的調査方法　94
手掛り　39
適応可能性　64, 70, 72, 117
適応性　64, 70, 72, 117
デパート実験　45
伝達　7
伝統　66
――的組織論　22
投企　89, 101
淘汰　29, 40, 42, 51, 53, 64, 98

【ナ行】

内主観性　30
内省　58, 88
――的配意　88
ナチュラル　27
7つの機会　48
日常知　93
――の方法　93, 97, 98
日常的思考法　93, 93, 98
日常的リアリティ感　93
日本海軍　25
日本的経営　131, 156
ニュートン力学　46
人間関係論　6, 17, 27
認識　80
認知主義　17, 27
認知的中断　50, 112
能率　8
――の基準　11

【ハ行】

陪審　59
反実証主義　81

反省　88
販売　25
非言語的コミュニケーション　90
ヒューマン・ソリース・モデル　16, 17
標準実施手続き　56, 113
フォーマルなコミュニケーション　75, 76
不確実　17, 23, 33, 34, 116, 118
不満足に達する閾値　46
不満足の閾値　46, 112
プログラム化　117
ベルトコンベア式大量生産システム　5
ペレストロイカ　67
法則定立的立場　82
保持　29, 40, 42, 53, 64, 98
　　――内容の変容メカニズム　56
ポリティカル・モデル　16

【マ行】

マネジリアル・グリッド理論　6
未来完了　89
　　――形の行為　45
無知　33, 35
メディアリッチネス　34, 35, 91, 107, 116, 117, 128, 147, 160
目的動機　89

目的の先行性　61
モチベーション　6

【ヤ行】

唯名論　81
誘因　7, 10
有機的な管理システム　22
有効性　8, 23
幼児虐待症候群　38
予期せぬ成功　48, 49, 52, 112
4つの意味形成のモデル　102

【ラ行】

ラショナル　27
ラディカル・チェンジ　81
理解　86, 87
離散的断片　57, 89
リーダーシップ　6, 142
理由動機　89
量的情報　106, 118
ルーティン　23, 30, 31, 37, 56, 68, 113
　　――化　117
レギュレーション　81
レスポンスレパートリー　148, 150

## 著者略歴

髙橋　量一

亜細亜大学経営学部・亜細亜大学大学院アジア国際経営戦略研究科教授。法政大学経営学部兼任講師。法政大学大学院社会科学研究科博士後期課程単位取得。株式会社三興専務取締役，東日本国際大学経済学部講師などを経て現職。主な著訳書に『最適購買への挑戦―リバーズオークション編―』（単著，ソフトバンクパブリッシング，2002年），『ポストモダン経営学』（共著，文眞堂，2001年），『情報化社会の人間教育』（共著，中央経済社，2005年），『オーガニゼーショナル・エピステモロジー』（ゲオルグ・フォン・クロー＆ヨハン・ルース著，髙橋量一・松本久良訳，文眞堂，2010年）などがある。


組織認識論の世界 I
－Karl E. Weick の世界－

2010年6月30日　第1版第1刷発行　　　　　　　検印省略
2013年3月31日　第1版第3刷発行

著　者　　髙　橋　量　一
発行者　　前　野　　　弘
　　　　　東京都新宿区早稲田鶴巻町533
発行所　　株式会社　文　眞　堂
　　　　　電話　03（3202）8480
　　　　　FAX　03（3203）2638
　　　　　http://www.bunshin-do.co.jp
　　　　　郵便番号(162-0041)振替00120-2-96437

印刷・モリモト印刷　　製本・イマキ製本所
©2010
定価はカバー裏に表示してあります
ISBN978-4-8309-4677-6　C3034